JN132900

西岡力
Nishioka Tsutomu

# でっちあげの徴用工問題

草思社

目次

## 第3章 先人が作った日韓国交の枠組みを守れ



## 第4章 日韓関係を悪化させる日本人たち



## 第5章 日本企業を守れ

## 第8章　戦時労働者の手記から見た真実

## 第9章 「在日は強制連行の子孫」という幻想

# はじめに　日韓で今、大変なことが起きている

日韓両国の外交関係の土台が激しく揺さぶられている。

韓国大法院（最高裁）が２０１８年10月、新日鐵住金《しんにってつすみきん》に対して朝鮮人元戦時労働者らに慰謝料として１人１億ウォン（約１０００万円）を払えとする不当判決を下したからだ。11月には三菱重工に対する二つの訴訟で同じ判決が下った。

２０１９年２月末現在で、この３件を含む15件の訴訟が韓国裁判所で起こされている。訴えられた日本企業は合計70社を超え、原告は合計９６０人に及ぶ。最高裁の確定判決が判例となるから、残る訴訟もすべて日本企業が敗訴するだろう。

また、韓国政府は22万人を「強制動員被害者」として認定している。１人、１０００万円とすると総額２兆２０００万円を要求されるかもしれない。

それだけではない。判決は日韓併合条約に基づく日本の朝鮮統治を不法だと決めつけ、不法行為に対する慰謝料は1965年の日韓基本条約と日韓請求権協定で清算された請求権に含まれないとする、奇怪な論理を打ち出した。

これに従えば、統治時代に日本語を学ばされた、神社に参拝させられたなど、あらゆることが不法行為だとして慰謝料を求められかねない。絶対に受け入れられない不当判決だ。

すでに日本最高裁が下した原告敗訴判決について、今回の判決は、韓国の公序良俗に反するから受け入れられないとしている。わが国の法秩序に挑戦する一方的な主張だ。

そもそも、国際法は司法を含む国内法に優先するという原則からすれば、1965年の条約と協定で解決された個人請求権を持ち出してくること自体、国際法違反なのだ。

日本政府は繰り返し韓国政府に対して、国際法違反状態の是正を求めた。しかし、韓国政府は何も手を打たず、ついに日本企業の韓国における財産が侵害される重大事態が起きた。2019年1月8日、韓国裁判所から新日鐵住金に差し押さえ手続きが執行されたという通知が届いた。新日鐵住金が持つ株式が差し押さえられ、同社はその株式を処分できなくなったのだ。

その翌日、1月10日、韓国の文在寅《ムンジェイン》大統領は記者会見で、日本政府は文明先進国として三権分立により韓国の判決を受け入れよと、とんでもない主張を行った。

日本は1965年に条約と協定を結んだとき、法律を作って、韓国人が日本人（法人を含む）に対して持っている債権を消滅させた。したがって日本の法秩序の下では、原告らが今回行った日本企業の財産差し押さえは、私有財産の侵害といえる。

日本政府は、日本の法秩序の下にある。原告やその代理人らが訪日したら、刑事犯として取り扱うべきなのだ。2月15日、代理人弁護士が訪日して新日鐵住金本社を訪れ、差し押さえた資産の売却手続きをすぐに始めると表明した。なぜ日本政府は彼らの入国を認めたのか。

日本の法秩序と韓国の法秩序が真っ向から対立する異常事態が両国の間に、今、起きている。国と国とは、そのようなことが起きないように条約を結んで過去の出来事を清算する。ところが、韓国の司法府はその条約を無視する異常な判決を下し、文大統領は日本に対して、その異常な判決に従えと開き直っている。

しかし、勝訴した原告らと文在寅大統領にも弱みがある。原告らは差し押さえた株式を現金化せず、新日鐵住金に話し合いによる解決を求めている。文大統領も会見で日本政府が韓国政府と協力して解決のための知恵を出すことを求めた。

原告と日韓の支援者は日本企業が莫大な出資をしてすべての戦時労働者とその遺族に補償を行う基金を作ることを狙っている。それなしに、差し押さえた資産を原告らに配っては、原告にならなかった20万人を超える政府認定「強制動員被害者」らへの補償を実現できず、韓国内で不満が高まることを知っているのだ。すでに韓国政府に補償を求める訴訟も次々起こされている。

日本企業が不当判決を認めず、原告らとの協議に応じないという毅然たる姿勢を貫けば、困るのは韓国の原告や弁護士、支援者らと韓国政府であることが分かる。補償が不足しているなら、韓国政府が行うべきなのだ。それ以外に方法はない。

幸いなことに新日鐵住金は毅然たる姿勢を貫いている。現在訴えられている70社のすべての企業が同様の姿勢を保てるように、政府と民間で企業を守る体制を早急に作らなければならない。

それと並行して、国際社会に戦時労働と日韓戦後補償の真実を広く伝える広報に全力を尽くさなければならない。そのためには、資料収集、実証研究、若手研究者育成、広報の拠点がどうしても必要だと強調したい。

ここで用語について書いておく。朝鮮人の戦時動員は1939年から始まった。41年1月までは「募集」という形で、民間企業が朝鮮で募集を行うことを朝鮮総督府などが支援した。42年2月からは「官斡旋《かんあっせん》」、総督府が地方行政組織を使って動員者を集めた。しかし、法的な強制力はない「斡旋」だった。44年9月から法的強制力のある国民徴用令が発動された。だから、戦時動員全体を指す言葉として「徴用」「徴用工」という用語はふさわしくない。私は本書で、朝鮮人戦時労働者という用語を使っている。

私はこの「はじめに」をソウルのホテルで書いている。主として私は韓国の旧知の保守派リーダーたち、すなわち元韓国国家情報院長、保守オピニオンリーダー、軍事専門記者、脱北者人権活動家、米軍情報関係者、気鋭のジャーナリストなどに面会した。

その中の何人かから、「日韓を離間させ韓米日3国同盟関係を弱体化しようと、中国と北朝鮮が数十年、韓国の反日民族主義を育ててきたが、その結果、合理的議論ができない素地が生まれてしまった。結果的に喜んでいるのは北朝鮮だ。なんとか感情的対立を解消できないか」といった相談を受けた。

ある人は、文在寅政権が韓国の国益を代表せず、北朝鮮独裁政権に奉仕しているから、すべてのことが困難だが、我々韓国国民の力で韓国に敵対する文在寅政権を交代させることしか道はないと語った。

それに対して私は、「北朝鮮の世襲独裁テロ政権と中国共産党のファシズム統治は日韓両国の共通の敵だ。共通の敵がある以上、日韓は力を合わせる必然性はある。しかし、韓国の中から、日本の保守派から見て納得できるような、自国の差別主義的反日への公開的批判が出てこない限り、残念だが関係は悪化し続けるしかない」と答えた。

私は約20年前、2000年頃から日本国内に反日勢力と韓国内の反日左派が手を組んで過去清算問題を使って日韓外交関係の根幹を揺さぶってくることを予想し、それに備えて、日本はきちんと歴史問題について事実関係を調査研究し、国際社会に分かりやすく広報せよと言い続けてきた。

そのために、2005年には戦時労働者問題を扱った『日韓「歴史問題」の真実』（PHP研究所）という著書を世に問うたり、2016年には志を同じくする学者、研究者らと「歴史認識問題研究会」という民間研究団体を創設して、研究と広報活動を続けてきた。

しかし、外務省は判決が出た後、国際法上の立場からの反論を発信しているものの、日韓の反日勢力が作り上げてきた「強制連行」「奴隷労働」といった虚偽の歴史像への反論をほとんど行っていない。これでは国際社会で日本は戦前、ナチスドイツのユダヤ人迫害と同じような奴隷労働を朝鮮人に強要しながら、個人補償をいまだにしていないという間違ったイメージができてしまう。軍が管理した公娼制度であった慰安婦を、「性奴隷」だったとする間違ったイメージが国際社会の一部に拡散している。すでに、ニューヨーク・タイムズなど有力メディアが「スレイブ・レイバー（奴隷労働者）」という語を使って裁判結果を報じている。

私は強い危機意識を持ってこれまで行ってきた研究と言論活動のエッセンスをここにまとめて世に問うことにした。

# 第1章 「徴用工」のいない「徴用工裁判」

## 徴用ではなく募集・斡旋された労働者

平成30年（2018年）10月30日、韓国大法院（最高裁）が戦時労働者問題で重大な不当判決を下した。元朝鮮人労働者4人が新日鐵住金を訴えていた裁判の差し戻し上告審で韓国大法院は、同社に賠償を命じた二審判決を支持し、同社に4億ウォン（約4000万円）の損害賠償の支払いを命じたのだ。これは1965年に締結された日韓請求権協定に明らかに反している。

新日鐵住金に最初の判決が出た日、安倍総理は「国際法に照らしてあり得ない判断だ」と判決を厳しく批判、日本政府として毅然として対応していく方針を示した。

ここで、用語について指摘したい。朝日新聞をはじめ日本のマスコミでは「徴用工判決」と報じているが、原告4人は徴用工ではない。彼らは「徴用」で渡日したのではないのだ。

私はそのことに気づき、その新日鐵住金判決が出る1週間ほど前にメモを作ってE補佐官を通じて安倍晋三首相に伝えた。また、11月1日付の産経新聞「正論」欄コラムでもそのことを次のように書いた。新聞、テレビは判決について大量の報道をしたが、そのことを指摘したのは私のコラムだけだった。

〈日本では4人の原告を「元徴用工」と呼び、裁判を「元徴用工裁判」と表現している。しかし、4人の経歴を調べてみて、その呼び方はふさわしくないことが分かった。彼らは「徴用」で渡日したのではない。1人は1941年に、3人は43年に徴用ではなく「募集」「官斡旋」で渡日している。なんと2人は平壌で日本製鉄の工員募集の広告を見て、担当者の面接を受けて合格し、その引率で渡日したという。（略）39年から41年に民間企業が朝鮮に渡って実施した「募集」、42年から44年9月まで朝鮮総督府が各市、郡などに動員を割り当てて民間企業に引き渡した「官斡旋」、44年9月から45年3月頃まで徴用令に基づく「徴用」の3つのタイプがあった。〉

安倍首相も同じ11月1日の衆議院予算委員会においてその事実をきちんと答弁した。

「政府としては、徴用工という表現ではなくて、旧朝鮮半島出身労働者の問題というふうに申し上げているわけでございますが、これは、当時の国家総動員法下の国民徴用令においては募集と官あっせんと徴用がございましたが、実際、今般の裁判の原告4名はいずれも募集に応じたものであることから、朝鮮半島出身労働者の問題、こう言わせていただいているところでございます」（国会議事録）

なお、日本政府はこの答弁前まで〈朝鮮半島出身の「旧民間人徴用工」〉（"requisitioned civilians" from the Korean Peninsula）という用語を使っていた。しかし、11月9日より〈旧朝鮮半島出身労働者〉（Former Workers from the Korean Peninsula）という用語を用いるようになった。

私が研究員をしている国家基本問題研究所（櫻井よしこ理事長）でもこの用語のことは議論となった。私の調査と意見を土台にして同研究所は11月14日に〈「徴用工」の正しい用語は「朝鮮人戦時労働者」（wartime Korean workers）だ〉とする提言を出した。

## 大手マスコミの誤用が続く

その後も大手マスコミは戦時労働者の総称として「徴用工」という語を使い続けている。たとえば、2019年1月6日の安倍首相発言を伝える記事（ネット版）で朝日、NHK、産経を比較する。なお、傍線は西岡が付けた。

●朝日（1月6日付）　安倍首相、徴用工問題に「具体的措置」　関係省庁に指示

安倍晋三首相は6日放送されたNHKの番組で、韓国大法院（最高裁）が日本企業に元徴用工への賠償を命じた判決を受け原告側が企業資産の差し押さえ申請をしたことなどに関して、日本としての対抗策を関係省庁に検討するよう指示したことを明らかにした。

●NHK（1月6日）「徴用」資産差し押さえ 安倍首相が対抗措置の検討指示

NHKの番組「日曜討論」で、太平洋戦争中の「徴用」をめぐる判決で、韓国の原告側が、日本企業の資産の差し押さえを裁判所に申し立てたことについて、安倍総理大臣は極めて遺憾だとしたうえで、国際法に基づく具体的な対抗措置の検討を関係省庁に指示したことを明らかにしました。

放送でアナウンサーが原稿を読むときにはカギカッコについては言及せず、〈「徴用」をめぐる判決〉を〈徴用をめぐる判決〉としている。本来ならカギカッコの代わりに「いわゆる」という語をつけて読むべきだ。

●産経（1月6日付）徴用工訴訟、韓国への対抗策指示 安倍晋三首相、関係省庁に

安倍晋三首相は6日のNHK番組で、いわゆる徴用工訴訟に関する韓国最高裁の確定判決に基

づき、原告団が新日鐵住金の資産差し押さえ手続きに着手したことについて、「極めて遺憾だ。そもそも、１９６５年の日韓請求権協定で完全かつ最終的に解決されている話だ。国際法に基づき毅然とした対応をとるため、具体的な措置の検討を関係省庁に指示した」と述べた。

産経のみが〈いわゆる徴用工〉と書いて、原告が徴用工ではないという事実を踏まえた報道をしている。しかし、産経も見出しでは但し書き抜きで〈徴用工〉と報じている。朝日はすべて見出しと本文両方で但し書き抜きで〈徴用工〉と報じている。引用はしないが、読売、毎日、日経、東京も朝日とまったく同じだった。

ＮＨＫはネットに出しているニュースではカギカッコをつけて「徴用」としている。また「徴用工」という言い方は避けて〈太平洋戦争中の「徴用」をめぐる判決〉と書いて、原告が徴用工ではないことを報道に反映させようと努力している。ただし、実際の報道ではアナウンサーはカギカッコに関係なく、ただ〈徴用〉と読んでいることは残念だ。カギカッコを表す「いわゆる」という語を付けて読むべきではないのか。

産経、ＮＨＫ以外の大手メディアは、新日鐵住金を訴えた４人の原告の履歴をきちんと調べたのだろうか。それをしたなら、このような安易な報道にはならないはずだ。

過去に徴用工と報じてきたためその表現を変えにくい、ネット検索を増やすためには一般に使われている用語を使わざるを得ない、などの言い訳があるのだろうが、ことは重大な事実関係につながる用語選択なのだ。最低限、カギカッコに入れるか、「いわゆる」という但し書きを付けるべきだと強調しておく。

## 三菱重工2件同時判決の意図

11月29日には、三菱重工を被告にした二つの異なる裁判の判決が同時に出た。一つは戦時中に三菱重工の名古屋工場で働いた元朝鮮女子勤労挺身隊隊員の女性らが起こした裁判だ。もう一つは、戦時中に三菱重工の広島工場で働いた元労働者らが起こした裁判だった。どちらも10月30日判決を判例として、三菱重工を敗訴とし、原告1人当たり8000万ウォン（約800万円）から1億5000万ウォン（約1500万円）の支払いを命じた。

当初は、前者が先に審理に入ると伝えられていた（韓国・中央日報2018年9月10日付）。ところが、新日鐵住金の確定判決後、後者の判決が先に出るとの報道があり、注視していたところ、二つの判決が同じ日に出た。

韓国の裁判所に提起されていた朝鮮人戦時労働者関係訴訟は、確定判決が出た3件（新日鐵住金、三菱重工2件）を含め15件だった。私の推測だが、韓国最高裁は、当初は新日鐵住金の確定判決で「徴用工」裁判の判例となる判決を下し、三菱重工裁判では「女子挺身隊」裁判の判例判決を下して、残る13件の裁判は右同じという形で短い判決で済ませるつもりだったのではないか。

ところが、新日鐵住金裁判の原告は徴用ではなく募集に応じて渡日しており、それを先に見たように私や安倍首相に指摘されるという事態となった。そこで、本当の徴用工もいるのだということをアピールするため、当初の予定ではもう少し後になるはずだった三菱重工広島の裁判を急遽持ち出して、同日に二つの確定判決を出したのではないか。

私がそう思う理由は、三菱重工広島で働いた元工員らは年代からして徴用によって渡日しているからだ。

日本が言うべきことを言えば、韓国はそれを見て反応するという好例だろう。

もっとも、徴用であっても渡日後には民間企業と2年契約で比較的好待遇で賃労働を行ったのであって、韓国で言われているような「奴隷労働」ではなかったことは言うまでもない。

## 「日本統治不法論」という奇怪な観念

新日鐵住金判決については第2章で詳しく批判するが、三つの確定判決に共通するのは、未払い賃金や負傷などへの補償の支払いを命じたものではなく、不法行為に対する賠償としての慰謝料の支払いを命じたという点だ。

当時朝鮮は日本領であり、朝鮮人は日本国民だった。自国民を戦争遂行のため民間企業で賃労働かせることは、国家としての合法的な行為だ。当時の国際法はもとより、現在でも合法だ。

強制労働を国際法違反と規定しているＩＬＯ（国際労働機関）の強制労働ニ関スル条約でも２条の２の（ｄ）で、戦争における労務強制は例外として認めている。日本は同条約を１９３２年に批准している。

〈２条　尤モ本条約ニ於テ「強制労働」ト称スルハ左記ヲ包含セザルベシ

（ｄ）緊急ノ場合即チ戦争ノ場合又ハ火災、洪水、飢饉、地震、猛烈ナル流行病若《もしく》ハ家畜流行病、獣類、虫類若ハ植物ノ害物ノ侵入ノ如キ災厄ノ若ハ其ノ虞《おそれ》アル場合及一般ニ住民ノ全部又ハ一部ノ生存又ハ幸福ヲ危殆ナラシムル一切ノ事情ニ於テ強要セラルル労務〉［傍線西岡］

韓国政府も、日韓国交交渉で日本に求めたのは未払い賃金や死亡者や負傷者への補償であって、不法行為を前提とする賠償は求めなかった。

では、判決は何を根拠に戦時労働動員を不法行為と認めたのか。三つの判決は１９１０年の日韓併合条約に基づく日本の統治を「不法」と断じ、戦時労働動員はその不法な統治を前提にして行われたから、〈反人道的な不法行為〉だとするのだ。

日本の統治が当初から不法だったという奇怪な観念（以下「日本統治不法論」と呼ぶ）が判決の立

論の根拠だったのだ。そしてこの「日本統治不法論」こそが、日韓関係の根本を揺るがす危険な論理なのだ。

新日鐵住金裁判の不当判決が出た後、左派系の日本人弁護士らは数日のうちにネット上で全訳を公開し、弁護士や学者から多くの署名を集めて判決を擁護した。日本共産党もその動きに乗って、これは人権問題であり日本政府も過去に個人請求権は残っていると答弁していたなどとして、判決を支持する見解を出した。また、大手のマスコミも、判決の真の問題点を指摘せず、個人請求権は残っているとした判決だ、とだけ伝え、あたかも政府間の条約では解決できていない人権問題がまだ残っているかのような印象を拡散し続けている。

## 判決を正確に理解していない日本共産党

私は判決を通読して、二つのことを考えた。

第一に、日本共産党や左派弁護士らのいう判決擁護論は、正確に判決を読んでいないうわべだけの議論だということだ。後で詳しく見るが、判決は、請求権協定で放棄されたのは外交保護権だけで個人の請求権は残っているという日本共産党などが主張している立場を取っていない。判決の中でわざわざそのような主張を斥《しりぞ》けている。判決をよく読めば、それが分かる。

第二に、判決の真の問題、恐ろしさは、「日本統治不法論」という奇怪な議論を土台にして論理を組み立てていることだ。

そもそも、請求権協定では不法行為に対する慰謝料は精算されなかったから、今からでもそれを求めることができるという恐ろしい理屈だ。これを認めたら条約や協定は何の意味も持たなくなる。あとから何でも主張できることになる。

日本国内では、判決に対して、国際法違反だ、法治を破って国民感情を優先したなど、批判の声が高まっている。なかには、制裁せよ、断交せよという強硬意見さえある。

しかし、私は、状況はそれほど有利ではないと見て、危機感を持っている。なぜなら、判決は、1965年の協定とその後の韓国内で2回にわたって行われた個人補償等について詳細に事実関係を記述したうえで、それにもかかわらず〈朝鮮半島に対する不法な植民支配及び侵略戦争の遂行と直結した日本企業の反人道的な不法行為を前提とする強制動員被害者の日本企業に対する慰謝料〉は清算されていないという理屈を持ち出して論理を構成しているからだ。

その論理の土台にあるのは「日本統治不法論」だ。

当時朝鮮は大日本帝国領であり朝鮮人は日本国籍者だった。だから、彼らを日本国が戦争遂行のために軍需産業で賃労働させることは合法的な活動で、それ自体が慰謝料を請求されるような不法活動ではない。先述のとおり、1932年に日本が批准したILOの強制労働に関する条約でも、戦時動員は禁止されている強制労働に入っていない。ところが、「日本統治不法論」により、待遇も悪くなかった賃労働が〈反人道的な不法行為〉に化けてしまうのだ。

この論理にかかると、朝鮮人戦時労働者問題が人権問題に化けてしまう。そうなれば、国際社会で「日本はナチスの収容所での奴隷労働と同じような奴隷労働を多くの韓国人男女に強要しながら、被害者の意向を無視して韓国保守政権にいくばくかのカネを支払って、責任逃れをしている」とする誹謗中傷が広がってしまう恐れがある。

外務省は世界に向けて判決の不当性を広報するという。しかし、その内容が１９６５年の協定など日韓の戦後処理に限定されるなら、広報は失敗する危険がある。国際司法裁判所でもリベラルなヨーロッパの判事らによって、人道的補償をせよなどという日本敗訴の結果が出る恐れも十分ある。

なぜなら、裁判を企画・支援してきた日韓の反日運動家、学者、弁護士らは、日本が戦時に朝鮮人労働者を強制連行して奴隷労働させ、ナチスの強制収容所と同種の人道に対する罪を犯したという事実無根の誹謗中傷を行ってきたからだ。そこまで見越して反論しなければ負ける。

公娼制度下で貧困の結果、兵士の相手をする売春業に従事した女性たちを「性奴隷」だとして日本の名誉を傷つけたのと同じ人たちが、総体的に好待遇の賃労働に就いていた朝鮮人労働者を「奴隷労働者」として宣伝しようとしているのだ。すでに10月30日付「ニューヨーク・タイムズ」が韓国人の原告は slave labor（奴隷労働者）だったと書いている。

それを正確に理解したうえで、反論し、国際広報しなければならない。

なお、日本と韓国の一部に、日本の最高裁判所が２００７年４月、中国人戦時労働者が起こした裁判の判決で、個人の請求権は実体的に消滅してはいないなどとして、日本政府や企業による自発的支援を促したことを根拠に、原告らに対する日本政府や日本企業による人道的支援を求める意見もある。

しかし、朝鮮人戦時労働者問題は次の2点で中国人戦時労働者問題と大きくかつ質的に異なっている。

第一に、中国人労働者の多くは戦争捕虜だった。そのため賃金は払われていないし、厳しい監視下に置かれ、自由に外出などできなかった。民間企業での2年契約の賃労働だった朝鮮人らとの大きな違いだ。

第二に、国交正常化にあたり、中華民国も中華人民共和国も戦争賠償と共に個人請求権を放棄している。中国国内で個人補償は実施されていない。一方、韓国は労働者らへの補償を放棄せず、それをまとめて政府が受け取り、国内で2回も個人補償を実施した。

だから、朝鮮人戦時労働者問題は、中国人の問題と同じ土俵で議論できないということを強調したい。

本章の最後に、判決を支持・擁護している日本共産党や一部の日本人弁護士に問いたい。判決の言う「日本統治不法論」に立って、韓国政府は、日本の不法行為に対する自国民の慰謝料請求権を放棄していないと言っているのだ。

繰り返すが、これが認められたら、日本統治時代のあらゆる政策が不法とされ慰謝料が発生するという収拾のつかない事態になりかねない。日本共産党らはそれを支持するのか。日本国民に対して立場を明確にする責任がある。

# 第2章　不当判決を徹底批判する

## 募集という事実には触れない矛盾

新日鐵住金の確定判決が出た直後に、私はすぐ、韓国最高裁の確定判決原文を入手して主要部分を日本語に訳し『月刊正論』２０１９年1月号（18年12月1日発売）で紹介し、その問題点を徹底的に批判した。本章と次章ではその判決の恐ろしさと問題点を具体的に指摘して批判したい。

２０１２年に韓国最高裁が企業の賠償責任を認める異例の差し戻し判決を下したのだが、そのとき突然、それまで韓国の裁判所で採用されたことがなかった日本の統治が当初から不法だったという「日本統治不法論」が判決の主たる部分に登場した。それが今回の確定判決でもそのまま踏襲されている。

新日鐵住金裁判の確定判決を分析し、それに全面的に反論を加えたい。

判決批判に入ろう。判決はA4用紙で49ページになる長文である。ただし、最高裁判事13人の多数意見で書かれた判決理由部分は18ページ途中までだ。この部分を全訳したが、紙面の都合上、一部省略した形で本書巻末（213ページ〜）に資料として収録した。

訳載はしなかったが、18ページの途中から最後までには、判決に賛成する立場からの個別意見二つ、補充意見一つと、判決に反対する2人の裁判官による反対意見が付けられていた。

判決理由部分は第1項の〈基本的事実関係〉と第2項から第6項までの上告理由の検討、第7項「結論」という7部構成になっている。その各項目の下にハングルの「アイウエオ」にあたる「カナタラ……」という順で小項目がある（分かりやすいように私が内容を要約する小見出しを付けた）。

まず、「1　基本的事実関係」を検討しよう。原文は約9ページ分あり、判決理由が全体の半分を占める。次の六つの小項目が置かれている。

1　基本的事実関係
カ　日本の朝鮮半島侵奪と強制動員など
ナ　原告たちの動員と強制労働被害及び帰国経緯
タ　サンフランシスコ講和条約締結など
ラ　請求権協定締結の経緯と内容など
マ　請求権協定締結による両国の措置

パ　大韓民国の追加措置

最初の〈カ　日本の朝鮮半島侵奪と強制動員など〉で注目したいのは、〈1938年4月1日に「国家総動員法」を制定、公布し、1942年に「朝鮮人内地移入斡旋要綱」を制定、実施して、朝鮮半島各地域で官斡旋を通じて人力を募集し、1944年10月頃からは「国民徴用令」により一般朝鮮人に対する徴用を実施した〉とだけ書いて、1939年に実施された「募集」による動員に触れていないことだ。

あえて「募集」の時期に触れず、「募集」には強制性がなかったことを認めているようにも読める。それなのに、判決は、あとで触れるとおり、1941年に「募集」に応じて渡日した〈原告3〉を強制動員被害者としている。ここに矛盾がある。

## 原告2名は採用審査で合格

次に〈ナ　原告たちの動員と強制労働被害及び帰国経緯〉の部分だ。ここに、原告の経歴と渡日の経緯、日本での待遇などが記されている。

先にも書いたが、原告は4人とも徴用によって渡日したのではない。判決でそのことを再確認しよう。

まず、大阪製鉄所で働いた〈原告1〉と〈原告2〉だ。彼らは、自ら求人に応じて試験を受けて合格して訓練工として就職した。

〈旧日本製鐵［新日鐵住金は裁判で自社は法的に日本製鐵と同一の会社ではないと主張し続けたが、判決はそれを斥けた。その立場から判決は「旧日本製鐵」という呼称を使っている・西岡註］は1943年頃、平壌で大阪製鉄所の工員募集の広告を出したが（略）1943年9月頃、上記の広告を見て、技術を習得して朝鮮で就職することができるということに魅力を感じて応募した後、旧日本製鐵の募集担当者と面接をして合格して、上記の担当者の引率で、旧日本製鐵の大阪製鉄所に行き、訓練工として労役に従事した。〉

日本での判決（2001年3月27日大阪地裁の一審判決）によると、〈原告1〉と〈原告2〉が受けた審査は、100名の募集に500名が応募して5倍の競争率があったという。

## 応募で日本に来た2名

次に〈原告3〉に関する判決記述を見よう。〈原告3〉は1941年、企業が朝鮮に渡って労働者を集めた「募集」の時期に渡日している。

〈1941年、大田市長の推薦を受け、報国隊として動員され、旧日本製鐵の募集担当官の引率に従い日本に渡り、旧日本製鐵の釜石製鉄所でコークスを溶鉱炉に入れ、溶鉱炉から鉄が出てくればまた窯に入れるなどの労役に従事した。〉

旧日本製鐵の募集担当官の引率で渡日したという点も「募集」による渡日だったことを裏付けている。この時期は「募集」形態以外に、大量の労働者が個別に出稼ぎ渡航をしている。市長の推薦は希望者が多い中、選ばれたという意味を持つとも考えられる。

最後に〈原告4〉に関する判決記述だ。〈原告4〉は〈1943年1月頃、群山府（今の群山市）の指示を受け募集され、旧日本製鐵の引率者に従って日本に渡（った)〉。「官斡旋」の時期だが、「募集」と書かれている。徴用による渡航ではないことは明白だ。

以上見たように、原告4人には徴用で渡日した者は一人もいない。

## 無報酬・暴力は事実なのか？

原告らは4人とも賃金をもらっていない、暴行された、などと書かれている。

しかし、判決が書いた事実関係が、歴史的に証明された事実とは言えない。新日鐵住金をはじめとする訴えられた日本企業は、当時の会社と自社は法的に継続していないなどの主張をしたせいもあって、当時の労働環境や生活条件などについて法廷で事実関係を争っていない。その結果、原告側の主張がそのまま判決に記載されてしまうのだ。

原告とそれを支える弁護士や支援者らはあたかも判決に書かれた内容が法的に確定した事実のように宣伝する。だからこそ、事実に踏み込んだ反論が必要なのだ。

当時、賃金を貯金させることは広く行われていたが、それでもかなりの金額が手元にあった例が多いことが、韓国の気鋭の経済史学者である李《イ》宇《ウ》衍《ヨン》（落星岱経済研究所研究委員）の実証研究などで明らかになっている〔＊〕。

そのうえ、未払い賃金や貯金は韓国政府によって2回にわたって清算されている。原告らにもその機会はあった。

暴行についてもいつどこで誰にされたのかが明らかではない。

もう一つ見逃してはならないことは、後述のように判決が支払いを命じた慰謝料は、個別の給料未払い、暴行など待遇の悪さに対するものではなく、不法な統治を前提とする動員それ自体に対するものだという点だ。

その立場からすると、普通に賃金を受け取って出稼ぎを終えて帰った戦時労働者にも慰謝料請求権はあるのだ。「日本統治不法論」を認めることができない理由だ。

〔＊〕「戦時期日本へ労務動員された朝鮮人鉱夫（石炭、金属）の賃金と民族間格差」『エネルギー史研究：石炭を中心に　32』九州大学附属図書館付設記録資料館産業経済資料部門・２０１７年３月）。なお、産経新聞（２０１７年４月11日付）が同論文を詳しく紹介している。

## 補償はすでに済んでいる

次に、〈タ　サンフランシスコ講和条約締結など〉〈ラ　請求権協定締結の経緯と内容など〉〈マ　請求権協定締結による両国の措置〉〈パ　大韓民国の追加措置〉について触れておこう。翻訳はしたが紙数の関係で巻末資料には載せなかった。

そこでは、日本側が判決批判の根拠に使っているいくつかの重要な事実が明記されていた。

●請求権協定2条に「請求権に関する問題が完全かつ最終的に解決したことを確認する」という規定があること。

●協定付属文書「合意議事録」に〈完全かつ最終的に解決されたこととなる両国及びその国民の財産、権利及び利益並びに両国及びその国民の間の請求権に関する問題には、日韓会談において韓国側から提出された「韓国の対日請求要綱」（いわゆる8項目）の範囲に属するすべての請求が含まれており、したがって、同対日請求要綱に関しては、いかなる主張もなしえないこととなることが確認された〉と記述されていること。

●請求権資金を受け取った後、韓国が行った個人補償について〈大韓民国が1977年までに8万3519件に対して合計91億8769万3000ウォンの補償金（無償提供された請求権資金3億ドルの約9・7％にあたる）を支給したが、そのうち被徴用死亡者に対する請求権補償金として8552件に対して1人当たり30万ウォンずつ合計25億6560万ウォンを支給〉と記述。

●日本が1965年に韓国の請求権を消滅させる立法措置を行ったこと。

●盧《ノ》武鉉《ムヒョン》政権が作った「民官共同委員会」が2005年に、3億ドルには被害者補償のための資金が包括的に勘案されていたが、韓国政府の補償は不十分だったという公式見解を公表したこと。

●韓国が2007年から再度個人補償を実施したこと。死亡者と行方不明者に慰労金2000万ウォン、障害者は程度によって慰労金最高2000万ウォン、生存者または上記期間内に国外に強制動員されてから国内に帰還した者は本人に限って医療支援金年間80万ウォン、未収金被害者またはその遺族に日本円1円を2000ウォンに換算した支援金を支給したと記述。

判決は、これらの事実を認定したうえで、日本企業に賠償をせよと命じているのだ。なぜ、そのような結論になるのか。やはり、その秘密が先に指摘した「日本統治不法論」なのだ。

私が繰り返し主張しているように、日本の反論としては、ここに挙げた請求権協定をめぐる戦後処理の事実を示すだけでは不十分なのだ。戦時労働者は民間企業で賃労働に従事しただけで、そこには賠償が発生する不法性はないということについて、戦時労働の実態を具体的に示して反論する必要があることが、ここまでの判決批判でもよく分かる。

## 「違反」とされた日本の司法判断

次に新日鐵住金側の上告理由を検討して斥《しりぞ》けた部分を見よう。

判決は項目2から6までで、新日鐵住金側が上告理由として挙げた論点五つを検討し、すべてを斥けている。判決では上告理由第1点から第5点としか記述していないが、その論点を私なりに整理して↓の下に付け加えるとこうなる。

〈2．上告理由第1点に関して〉↓日本の確定判決の効力
〈3．上告理由第2点に関して〉↓旧日本製鐵と被告との法的同一性の有無
〈4．上告理由第3点に関して〉↓請求権協定による原告の請求権の消滅の当否
〈5．上告理由第4点に関して〉↓時効
〈6．上告理由第5点に関して〉↓慰謝料算定の相当性

このうち、紙数の関係で、第3項目の旧会社と被告との法的同一性、第5項目の時効、第6項目の慰謝料算定に関する部分は私の専門分野ではないこともあり、取り上げない。法律専門家に

よる反論を期待したい。

最も重要と思われる二つ、日本の確定判決の効力、請求権協定による原告の請求権の消滅の当否について検討し、批判していく。

それでは判決の「2．上告理由第1点」、すなわち日本の確定判決の効力に関する議論について、判決を見てみよう。

新日鐵住金側は上告理由として、すでに日本の裁判所で確定判決が出ていることを挙げた。〈原告1〉と〈原告2〉は1997年12月に日本でも訴訟を起こし、2001年3月大阪地裁、02年11月大阪高裁で、03年10月最高裁で敗訴している。つまり、日本での司法判断は新日鐵住金の法的責任はないとして確定している。

それを斥けようとするならば、日本の司法判断が韓国の公序良俗に反すると断ずるほかに道はない。なんと、韓国最高裁はそのような驚くべき判断を下した。

韓国最高裁は、日本の確定判決は韓国の〈善良な風俗や、その他の社会秩序に違反する〉とした。日本の司法判断は韓国の公序良俗に反するから無効だと韓国司法が宣言したのだ。日本にとって屈辱的で驚くべきものだった。その部分を引用する。

〈日本判決が日本の朝鮮半島と朝鮮人に対する植民支配が合法的であるという規範的認識を前提

に日帝の「国家総動員法」と「国民徴用令」を朝鮮半島と〈原告1〉〈原告2〉に適用することが有効であると評価した以上、このような判決理由が盛り込まれている本件の日本判決をそのまま承認することは大韓民国の善良な風俗や、その他の社会秩序に違反するものであり、従ってわが国で本件の日本判決を承認して、その効力を認定することはできないと判断した。〉

韓国最高裁がよって立つ「日本統治不法論」が根拠とされている。繰り返し強調するが、今回の確定判決の一番の問題点がここにある。

韓国の最高裁がこのような判断を下した結果、日本と韓国の法秩序が正面から衝突する異常事態が生まれた。だからこそ、この不当判決は日韓関係の基礎を揺さぶるものだと批判されているのだ。

## 差し押さえは盗みに等しい

原告らは、新日鐵住金の韓国内の財産を差し押さえる法的手続きを開始した。２０１８年12月31日に大邱地裁浦項支部に差し押さえのための申請書を提出した。最高裁の確定判決があるのだからその行為は「合法」であり、裁判所もその手続きを認めた。翌２０１９年1月9日、新日鐵住金に財産差し押さえを通知した。

文在寅大統領は差し押さえの効力が発生した直後の1月10日の会見で、三権分立原則を持ち出して、「韓国政府としては、韓国司法府の判決を尊重しなければならないし、日本も基本的に不満があったとしても、その部分は致し方ないという認識を持ってくれなければならない」と日本を非難した。受け入れることのできない発言だ。

三権分立原則から行政府たる日本政府は当然、立法府と司法府が定めた日本の法秩序に従う。日本の立法府は1965年に条約と協定を批准した際、法律（財産及び請求権に関する問題の解決並びに経済協力に関する日本国と大韓民国間の協定第2条の実施にともなう大韓民国等の財産権に対する措置に関する法律）を制定して韓国人が日本人（法人を含む）に対して持っている債権を消滅させた。それを前提にして、先に日本の最高裁が原告敗訴の確定判決を下した。したがって、「はじめに」で述べたように、日本の法秩序の下では、原告らが今回行った日本企業の財産差し押さえは、私有財産の侵害なのだ。

原告の代理人らが訪日し、企業を訪れたり記者会見したりできることがおかしい。政府は、差し押さえられた株式が現金化され、企業に実害が発生したら、対抗措置をとると、韓国政府に通達している。韓国製品への関税引き上げなどが準備されている、関税は国家の主権行為として決められる。トランプ大統領も中国への制裁として関税の大幅引き上げを実行している。政府は国際社会に理由を分かりやすく説明しながら、必ず対抗措置を実行すべきだと強調しておく。

## 損害賠償請求権をめぐって

判決批判を続ける。

次の〈4．上告理由第3点〉、すなわち請求権協定による原告の請求権の消滅の当否に関する議論を見たい。この部分は、上告理由の検討の中で一番力点が置かれ、かなり長い。

まず、全体の構成を押さえておこう。

カ　条約や協定の解釈にあたっての原則

ナ　損害賠償請求権は、請求権協定に含まれない

〔1〕原告は未支給賃金や補償金ではなく、不法な統治の慰謝料を求めている

〔2〕請求権協定は不法な支配に対する賠償の取り決めではない

〔3〕韓国政府の2回の個人補償は道義的次元なので個人請求権は残っている

〔4〕日本が不法性を認めていないから個人請求権は残っている

〔5〕日韓交渉での韓国代表発言は方便

タ　議論の総括と、放棄されたのは外交保護権だけであるとする日本の公式的な立場について

## 雇用も期限契約も「反人道的」？

判決は〈カ〉で条約や協定の解釈にあたっての原則を述べて、次に〈ナ〉の冒頭で〈原告たちが主張する被告に対する損害賠償請求権は、請求権協定の適用対象に含まれると見ることはできない〉という最高裁の見解を示す。

次にその理由として〔1〕から〔5〕までを長々と挙げる。一つずつ検討する。

最初の〔1〕では、「原告は未支給賃金や補償金ではなく、不法な統治の慰謝料を求めている」と論じる。これが、私が繰り返し強調してきた「日本統治不法論」をまとめて記述している部分である。重要なので全文引用する。

〈〔1〕まず、本件で問題となる原告たちの損害賠償請求権は、日本政府の朝鮮半島に対する不法な植民支配及び侵略戦争の遂行と直結した日本企業の反人道的な不法行為を前提とする強制動員被害者の日本企業に対する慰謝料請求権（以下「強制動員慰謝料請求権」という）という点を明確にしておかなければならない。原告たちは被告を相手に未支給賃金や補償金を請求しているのではなく、上記のような慰謝料を請求しているのである。〉

日本企業が、国策である戦争遂行に必要な生産を行うために国策に従って動員された朝鮮人労働者を賃金を払って期限契約を結んで雇用したことが、ここでは〈反人道的な不法行為〉と決めつけられている。その前提がそもそも日本の統治が〈不法な植民支配〉だったという歴史認識だ。不法行為には慰謝料が発生する。原告は未支給賃金や補償金という財産関係の清算を求めているのではなく、不法行為に対する慰謝料を求めていると判決は宣言するのだ。

## 歴史的経緯も国際法もくつがえす

次の第3章でも触れるが、韓国は戦勝国ではないので、サンフランシスコ講和条約で賠償請求権を認められなかった。ただ、財産関係の清算が認められた。そこに未支給賃金や補償金などが含まれる。その清算は1965年の条約と協定で解決したと日韓両国が認めた。

ところが、判決はそれらの歴史的経緯と国際法的な解釈をすべて一方的にひっくり返し、「日本統治不法論」を持ち出して慰謝料を払えと日本企業に命じるものだ。

判決は〔1〕の論拠として①から④までを列挙している。

①では、旧日本製鐵が〈不法な侵略戦争〉を遂行する日本政府に〈積極的に協調して人力を拡充した〉とされる。朝鮮統治だけでなく大東亜戦争についても〈不法な侵略戦争〉と決めつけている。ただし、繰り返すが、韓国は戦勝国ではなかったので、たとえ〈不法な侵略戦争〉という認識に立っても、慰謝料、賠償を受け取る資格はない。不法な統治の結果として、不法な戦争に

人力を提供させられたのだから不法行為なのだ、という論理構成で慰謝料を求めるというのだ。

②では、原告らが〈日本政府と旧日本製鐵の組織的な騙しにより動員された〉と断定するのだが、その理由でも〈朝鮮半島と朝鮮人が日本の不法で暴圧的な支配を受けていた〉ことを挙げている。

③では、原告らが危険な労働を無理やりやらされ、賃金ももらえず、逃げようとすると暴行されたと主張する。この部分は事実関係に踏み込んだ反論を今後展開するためにも、具体的に知っておく必要があるので引用しておく。

〈③そのうえ、原告たちは成人に達していない幼い年齢で家族と離別し、生命や身体に危害を受ける可能性がたいへん高い劣悪な環境で危険な労働に従事し、具体的な賃金額も知らないまま強制的に貯金をしなければならず、日本政府の苛酷な戦時総動員体制のため外出が制限され、常時監視され、脱出が不可能であり、脱出の試みが発覚した場合には苛酷な殴打に遭いもした。〉

先にも書いたが、裁判闘争上の理由で新日鐵住金側は当時の事実関係について法廷で争わなかった。裁判では、一方が争わないと、もう一方の言うとおり認定される。だから、当時の実態について判決で書かれたことが、無条件で事実認識として正しいとは言えない。

しかし、韓国最高裁の確定判決に事実認識として、奴隷労働であったかのようなひどい労働環境だったという記述が入ったことは、今後の国際広報において日本が不利な状況に追い込まれる要素として作用する。だからこそ、戦時労働の実態に踏み込んだ反論が必要なのだ。

④でもう一度、「日本統治不法論」を持ち出して、慰謝料が発生するような不法行為があったという主張を裏書きする。

〈④このような旧日本製鐵の原告たちに対する行為は、当時の日本政府の朝鮮半島に対する不法な植民支配及び侵略戦争の遂行と直結した反人道的な不法行為に該当し、このような不法行為によって原告たちが精神的苦痛を受けたことは経験則上明白である。〉

## 締結後に蒸し返された慰謝料

つづいて判決は〔2〕で、「損害賠償請求権は、請求権協定の適用対象に含まれない」2番目の理由として、「請求権協定は不法な支配に対する賠償の取り決めではない」と主張する。

そして、その論拠として次の五つの主張を行う。

①サンフランシスコ講和条約

②国交交渉で韓国側が提示した8項目要求

③韓国政府の『韓日会談白書』
④請求権協定やその付属書
⑤2005年の盧武鉉政権下の民官共同委員会の公式意見
端的に要約すると、1965年の請求権協定は韓国の賠償請求権を認めないサンフランシスコ講和条約に基づくものだったから、そこでは〈植民支配の不法性と直結する請求権〉は解決していないという主張だ。すなわち、
①サンフランシスコ講和条約の規定も、②国交交渉で韓国側が提示した8項目要求も、〈基本的に韓日両国間の財政的、民事的債務関係に関するものであった〉。
③韓国政府が1965年に発行した『韓日会談白書』でも、〈サンフランシスコ講和条約第4条が韓日間の請求権問題の基礎になった〉としたうえで〈韓日間の請求権問題には賠償請求を含ませることはできない〉という説明をしている。
④1965年に〈締結された請求権協定文やその付属書のどこにも、日本植民支配の不法性に言及する内容はまったくない〉から、〈植民支配の不法性と直結する請求権までも上の対象に含まれると見ることは難しい〉。
⑤2005年の盧武鉉政権下の民官共同委員会も、〈請求権協定は基本的に日本の植民支配賠償を請求するためのものではなく、サンフランシスコ講和条約第4条を根拠にして韓日両国間の

財政的、民事的な債権債務関係を解決するためのものだ〉とする公式意見を明らかにした。

この主張は、国際法が国内法に優先するという国際法の原則を無視した大変おかしなものだ。外交交渉では、条約や協定を結ぶときに要求しなかった内容は自らが放棄したとみなされ、締結後に蒸し返すことはできない。判決はわざわざ、自国が交渉で要求しなかったと認めている。言い換えると、それはもう国際法上、持ち出すことはできないことを自ら認めているのだ。それなのに、今になって慰謝料云々を持ち出すこと自体が外交交渉を知らない無茶な話だ。

## 講和条約を杜撰に曲解？

以上のように、〔2〕の立論そのものが国際法に反するのだが、細かい議論にもおかしな点が多い。巻末資料の判決文をあわせて見ていただきたいが、ここでは、①から順に具体的問題点を指摘する。
①では、サンフランシスコ講和条約第4条（a）の引用がおかしい。カギカッコに入っているにもかかわらず実際の条文正文ではなく、韓国最高裁による要約が記述されていて、厳密性がない。条約正文は日本語、英語、フランス語、スペイン語がある。その部分の日本語正文と判決を並べてみる。

〈条約正文

第4条（a）この条の（b）の規定を留保して、日本国及びその国民の財産で第2条に掲げる地域にあるもの並びに日本国及びその国民の請求権（債権を含む。）で現にこれらの地域の施政を行つている当局及びそこの住民（法人を含む。）に対するものの処理並びに日本国におけるこれらの当局及び住民の財産並びに日本国及びその国民に対するこれらの当局及び住民の請求権（債権を含む。）の処理は、日本国とこれらの当局との間の特別取極《とりきめ》の主題とする。第2条に掲げる地域にある連合国又はその国民の財産は、まだ返還されていない限り、施政を行つている当局が現状で返還しなければならない。（国民という語は、この条約で用いるときはいつでも、法人を含む。）

（b）日本国は、第2条及び第3条に掲げる地域のいずれかにある合衆国軍政府により、又はその指令に従つて行われた日本国及びその国民の財産の処理の効力を承認する。

判決

サンフランシスコ講和条約第4条（a）は、「日本の統治から離脱した地域（大韓民国もこれに該当）の施政当局及びその国民と日本及び日本の国民間の財産上の債権債務関係は、これらの当局と日本間の特別取極によって処理する」と規定している。〉

注目してほしいのは、条約正文では、日本が韓国に請求すべき〈日本国及びその国民の財産で

第2条に掲げる地域にあるもの並びに日本国及びその国民の請求権（債権を含む。）で現にこれらの地域の施政を行つている当局及びそこの住民（法人を含む）に対するもの〉が先に明記されていることだ。つまり、日本も韓国に対して請求権があると明記されている。判決ではそれが〈財産上の債権債務関係〉という言葉でその部分を要約して記述されている。

先述したが、韓国はサンフランシスコ講和条約の締約国になれなかった。言い換えると、戦勝国と認められなかった。戦勝国は賠償を受け取る資格を得る。韓国の独立を日本に認めさせた同条約は、日本に韓国への賠償を支払うことを命じず、単純に日本の統治の終了にあたって未清算だった両側の債権債務を処理することだけを命じたのだ。これが国際法の現実だ。日韓はこの上に立って15年間の長い交渉を経て1965年に基本条約と請求権協定などを結んだ。判決はその経緯をくつがえそうとしている。

## 国際法無視の要求

日本は韓国に膨大な民間人財産を置いてきた。それを米軍が接収し、韓国政府に引き渡した。日本はサンフランシスコ講和条約第4条の（b）でその処理を承認した。

ハーグ陸戦法規（1899年オランダ・ハーグでの第1回万国平和会議において採択された陸戦における武力行使等に関する規則について定めた多国間条約）によれば、戦勝国も敗戦国の民間財産を無償で没収することはできない。だから当初日本政府は、民間人の請求権は残っているとして、日韓国交交渉で、韓国が日本に請求できる金額より、日本が請求できる金額の方が多いという主張をしていた。しかし、最終的に日本は１９６５年の協定でその部分を放棄したうえ、無償３億ドル、有償（低利借款）２億ドルという、当時としてはかなり巨額な資金を提供したのだ。

じつはこのとき、日本が放棄したのは日本人が朝鮮においてきた財産請求権だけではなかった。戦後、韓国政府が国際法に反して一方的に引いた李承晩《りしょうばん》ラインによって拿捕《だほ》された日本漁船３２８隻、抑留された漁民３９２９人、死傷者44人の人的物的被害に対する請求権も放棄したのだ。

その金額は、１９６４年当時の漁業者団体の算定で直接被害だけで約90億円だった。内訳は、漁船の被害（未帰還船１８５隻の価格、帰還船１４２隻の修理費）24億円、積載物８億円、事件に伴う出費２億円、抑留中の賃金25億円、休業補償25億円、死亡障害補償５億円だ。そのうち保険などで処置できなかった40億円を日本政府が補償した（藤井賢二「李承晩ラインで韓国が繰り広げたこと」『別冊正論』23号・産経新聞社・２０１５年３月）。

韓国が１９６５年の条約と協定による請求権の処理を否定するなら、日本はこれらの日本の請求権を韓国に求めることになる。

②の８項目を含む、日韓国交交渉については、次の第３章で詳しく論じる。反日政策で有名だった李承晩政権ですら、サンフランシスコ講和条約で認められなかった慰謝料請求はしなかった

し、できなかった。判決はそれをここに書くことにより、70年近く経ってからその要求する無理を自ら認めているとだけ指摘しておこう。

③は朴正熙《パクチョンヒ》政権時代の韓国政府が発行した白書の記述だ。当時の韓国政府は、①を検討したところで書いた国際法の現実をよく知り、その上に立って国益を最大限に実現しようと外交努力を行った。それが『白書』の記述の裏にあるのだ。自国政府が白書で国際法上、要求できないと書いたことを判決は明記した。つまり、判決は自らの要求が国際法に基づかないということを間接的に認めているのだ。

④については、詳しくは第3章で見るが、当時、日韓の先人らは尖鋭に対立する歴史認識を賢く基本条約と請求権協定に入れ込み、国交を結んだ。その知恵と努力を否定する不当な言いがかりだ。

⑤については第8章で詳しく書くが、盧武鉉政権が作った共同委員会（韓日会談文書公開の後続対策民官共同委員会）は2005年8月、日韓国交会談の外交文書を検討した結果として、日本から受け取った無償3億ドルには〈強制動員被害補償問題解決の性格の資金等が包括的に勘案されているとみるべきである〉としたうえで、〈75年の韓国政府の補償当時強制動員負傷者を補償対象から除外するなど、道義的次元からみて被害者補償が不充分だった〉と自国政府の補償の不十分さを認めて、〈政府支援対策を講じること〉を決めたのだ。

以上で判決の〈請求権協定は日本の不法な植民支配に対する賠償を請求するための取り決めではない〉という主張とその論拠を記した〔2〕についての批判を終わる。

## 韓国政府の補償は道義的人道的？

次に、判決の〔3〕を検討する。ここでは「韓国政府の2回の個人補償は道義的次元なので個人請求権は残っている」と主張する。

朴正煕政権と盧武鉉政権の2回にわたって行われた韓国政府による個人補償はあくまでも「道義的次元」「人道的次元」のものであるから、日本に対する個人請求権は残っていると主張するのだ。

しかし、2回とも未払い賃金や貯金の払い戻しを行った。それは個人が請求権を持っているからこそ支払ったのだろう。いかなる請求権、すなわち債権も一度支払いを受けたら消滅するはずだ。道義的に未払い賃金や貯金の払い戻しをしたという強弁は通らない。

次に、判決の〔4〕だが、ここでは、日本が統治の不法性を認定していないから個人請求権は残っていると強弁する。

〈日本政府は植民支配の不法性を認定しないまま、強制動員被害の法的賠償を根源的に否認し、これに伴い韓日両国の政府は日帝の朝鮮半島支配の性格に関して合意に到達することができなかった。このような状況で強制動員慰謝料請求権が請求権協定の適用対象に含まれたと見ることは難しい。〉

第3章で議論するが、確かに日本政府は過去一度も「日本統治不法論」を認めていない。もしそれが韓国として受け入れられないのであれば、条約を結ばず国交を持たないという選択もあった。しかし、1965年にその選択をせず、当時の国家予算にほぼ匹敵する請求権資金を受け取った。それを今になって蒸し返すならば、韓国との条約や協定は成り立たないことになる。

## 日本企業敗訴の結論ありき

次に〔5〕では、日韓交渉での韓国代表発言は方便だとする。

新日鐵住金は、再上告に際して新たに韓国政府が日韓交渉で慰謝料を請求していたことを示す外交文書を提出した。

それによると、韓国側が、1961年5月10日の第5回韓日会談予備会談で「他国民を強制的に動員することによって負わせた被徴用者の精神的、肉体的苦痛に対する補償」に言及した事実、1961年12月15日の第6回韓日会談予備会談で「8項目に対する補償として総額12億2000

万ドルを要求し、そのうちの3億6400万ドル（約30％）を強制動員被害補償に対するものとして算定」した事実などが明らかにされた。

ところが判決は、それらは〈交渉過程で交渉担当者が話したことに過ぎず、13年に及んだ交渉過程で一貫して主張された内容でもない〉〈交渉で有利な地位を占めようという目的から始まった発言に過ぎない〉などとして、交渉における方便扱いをして一蹴している。

日本企業敗訴という結論が先にあって立論しているとしか思えないような議論の進め方だ。

## 個人の請求権は残っているのか？

次に判決は、〈タ〉で、これまでの議論を総括したうえで、請求権協定で放棄されたのは個人の請求権そのものではなく外交保護権だけであるとする、日本政府の公式的な立場について触れている。これは重大な論点だが、わずか数行しかそのことに触れていない。全文引用する。

〈タ　差し戻し後の原審がこのような趣旨で、強制動員慰謝料請求権は請求権協定の適用対象に含まれないと判断したのは正当だ。そこで、上告理由の主張のように請求権協定の適用対象と効力に関する法理を誤解しているなどの違法はない。

一方、被告はこの部分の上告理由で、強制動員慰謝料請求権が請求権協定の適用対象に含まれるという前提下で、請求権協定で放棄された権利が国家の外交的保護権だけに限定されて放棄されたのではなく、個人請求権自体が放棄（消滅）されたのだという趣旨の主張もしているが、この部分は差し戻し後の原審の仮定的判断に関するものとして、さらに検討してみる必要はなく、受け入れられない。〉

日本国内でも日本共産党や一部の日本人弁護士らは、過去に日本政府が、個人請求権は自国政府が条約や協定で放棄を宣言しても消滅しない、ただ外交的保護権がなくなるだけだという趣旨の答弁をしていることを理由に判決を支持している。

日本政府は、当該韓国人が自分の債権を消滅させた措置について、日本の裁判で争う権利、クレームする権利までは消滅していないという解釈をしているだけだ。その説明が一般には分かりにくいため、共産党や日本人弁護士の主張が今でも日本国内で一部通用している。

日本共産党は新日鐵住金の確定判決が出た直後の11月1日に「徴用工問題の公正な解決を求める——韓国の最高裁判決について」と題する見解を発表した。そこでまず、〈たとえ国家間で請求権の問題が解決されたとしても、個人の請求権を消滅させることはない——このことは、日本政府自身が繰り返し言明してきたことであり、日本の最高裁判決でも明示されてきたことである。日本政府と該当企業は、この立場にたって、被害者の名誉と尊厳を回復し、公正な解決をはかるために努力をつくすべきである〉と主張した。

これは、政府の外交行為で孤児の請求権は消滅しないという、日本政府がシベリア抑留者らに対して言ってきた内容をそのまま適用した論理だ。

そのうえで日本共産党は、2007年4月に日本の最高裁の中国人元労働者が西松建設を相手におこした裁判の判決を援用した。元大阪市長の橋下徹氏もやはり、西松判決を援用して安倍政権の「請求権協定で解決済み」とする主張に反論している。

しかし、繰り返し書くが、中国人の請求権は中国政府が放棄したため、日本は払っていない。一方、韓国人の請求権は韓国政府が放棄したのではなく、まとめて韓国政府に払うことを求めたので、日本は当時の韓国の1年分の国家予算に匹敵する金額を払ったのだ。その資金で韓国政府は2回も個人請求権に対する補償を実施している。西松のケースを今回の韓国人戦時労働者問題に援用する論理は、前提がまったく違うので通じないのだ。

この個人の請求権消滅問題について判決は、そもそも不法行為に対する慰謝料請求権は請求権協定の適用対象に含まれていないのだから、協定によって消滅されたかどうかを議論する必要はないと切り捨てている。

読者の理解を促すため、判決のその部分をもう一度見てみよう。

〈差し戻し後の原審がこのような趣旨で、強制動員慰謝料請求権は請求権協定の適用対象に含まれないと判断したのは正当だ。そこで、上告理由の主張のように請求権協定の適用対象と効力に関する法理を誤解しているなどの違法はない。

一方、被告はこの部分の上告理由で、強制動員慰謝料請求権が請求権協定の適用対象に含まれるという前提下で、請求権協定で放棄された権利が国家の外交的保護権だけに限定されて放棄されたのではなく、個人請求権自体が放棄〈消滅〉されたのだという趣旨の主張もしているが、この部分は差し戻し後の原審の仮定的判断に関するものとして、さらに検討してみる必要はなく、受け入れられない。〉

判決は、2012年5月の最高裁の差し戻し判決とそれに従って出された高裁の逆転判決を前提として、それに対して新日鐵住金側が提出した上告理由に対する反論という形式で書かれている。だから、前提となる判決と上告理由を持たずにこれだけ読むと理解するのが容易でない。

法律専門家ではない私が、大ざっぱに解説してみよう。

上告理由で新日鐵住金側は〈請求権協定で放棄された権利が国家の外交的保護権だけに限定されて放棄されたのではなく、個人請求権自体が放棄〈消滅〉されたのだという趣旨の主張〉をした。

中国人労働者やシベリア抑留日本人らの場合は、自国政府が一方的に請求権を放棄してしまったのだから、政府が同意なく個人の権利を放棄することはできないという立場から放棄したのは外交保護権であって、請求権事自体は残っているという解釈が成り立つ。

しかし、韓国の場合は、韓国政府が自国民の受け取るべきものまで含めてまとめて受け取ったので、債務の対象が日本から韓国政府に移り、韓国政府は個人補償を実施した。だから、〈個人請求権自体が放棄（消滅）された〉と新日鐵住金は主張した。

それに対して最高裁は、新日鐵住金の議論は、原告らの慰謝料請求権が請求権協定の適用範囲に含まれるという前提に立った仮定のうえに成り立つものであると断じる。それが、判決にある〈差し戻し後の原審の仮定的判断〉の意味するところだ。

ところが、最高裁は、その前提自体を否定している。だから、〈さらに検討してみる必要はなく、受け入れられない〉と短く切り捨てたのだ。

もう一つ、日本共産党の見解で見過ごせないことがある。日本共産党は、今回の韓国最高裁判決が未払い賃金などではなく、〈朝鮮半島に対する日本の不法な植民地支配と侵略戦争の遂行に直結した日本企業の反人道的な不法行為――強制動員に対する慰謝料〉を問題にしていると認めながら、私がここまで書いてきたようなその論理の危険性について一切触れないまま、〈日本政府は植民地支配の不法性について一切認めようとせず、謝罪も反省も行わなかった〉などとして韓国判決を擁護するのだ。これは日本の公党としてあまりに無責任な物言いだ。韓国判決を認めれば、日本国民は今後、ほぼ永久的に不法統治に対するさまざまな賠償請求を受け続けることになる。日本共産党はその責任を取れるのか。

日本共産党は戦時労働の歴史的事実についても、〈徴用工の問題――強制動員の問題は、戦時下、朝鮮半島や中国などから、多数の人々を日本本土に動員し、日本企業の工場や炭鉱などで強制的に働かせ、劣悪な環境、重労働、虐待などによって少なくない人々の命を奪ったという、侵略戦争・植民地支配と結びついた重大な人権問題〉と決めつけている。本書の後半で詳しく論じるように、戦時労働の実態はそのような悲惨なものではなかった。

## 慰謝料請求は無限に続く

結論的に言って、日本がこの判決を受け入れられない根源は、「日本統治不法論」なのだ。

第3章で詳しく論じるが、歴代の日本政府はこれまで、今の価値観から見れば、併合と統治は「遺憾であり二度と繰り返さない」という道義的立場を繰り返し表明しつつ、帝国主義時代であった当時の法秩序では併合は国際法上有効だったという立場を継続して維持してきた。

韓国はその日本の立場を知ったうえで、1965年に日本と条約を結び国交を持った。両国はそれから現在まで多くの先人の努力で友好関係を築いてきた。

ところが、この判決はそのような日本の立場は韓国の公序良俗に反すると断定して、統治下で合法的に行われた戦時動員を不法な統治下で行われた〈反人道的な不法行為〉と決めつけ、慰謝料を払えと日本の民間企業に命じた。

　この論理の延長線上では、日本語教育を強制された、神社参拝を強制されたなどという理由で、無限に慰謝料請求がなされかねない。民法上、慰謝料請求権は相続できる権利だから、ほぼ無限に請求が続くかもしれない。だからこそ、絶対に受け入れることができないのだ。

# 第3章　先人が作った日韓国交の枠組みを守れ

## 不一致を認め合う知恵

前章で書いたように、日本は1965年の請求権協定締結時に「日本統治不法論」を取っていなかった。それを承知で韓国は当時の自国の国家予算にほぼ匹敵する3億ドルを受け取って国交を結んだ。「判決」はそれを今になって否定するもので、両国の先人らが築いてきた日韓友好関係を根本から揺るがすものだ。

1965年の時点で、先人らはこの問題をどのように知恵深く処理したのかを、見ておこう。じつはこの点について私は1992年に世に問うた拙著『日韓誤解の深淵』（亜紀書房）以来、継続して書いてきた。私はそのときから一貫して日韓友好の基礎である1965年の過去処理を否定してはならないと主張してきた。同書では、日本から受け取った「請求権資金」をどのような方針でどこに使ったのかを詳細に書いた『請求権資金白書』（韓国経済企画院・1976年）の主要部分を資料として訳載した。

14年間に及んだ国交交渉で両国の懸案事項になった一つが、統治時期について法的にどう評価するかという問題だった。

国交交渉の中で韓国は「日本の韓国支配が国際法違反の実力行使による不法な事実である」（『韓日会談白書』大韓民国政府発行・1965年）として、併合条約の当初からの無効を盛り込みたいと要求した。

それに対して日本は、併合条約は〈正統な手続きを経て締結されたものであって、当時有効に成立し実施されたものである〉（『日韓条約と国内法の解説』大蔵省印刷局発行・1966年）と主張して激しい議論が展開されていた。

日本は当初、すでに韓国が日本から分離独立しているのだから、併合条約は無効化しているのであって、あえてそのことを書く必要はないと主張した。最終的に両国の関係者が知恵を絞って基本条約第2条に〈1910年8月22日以前に大日本帝国と大韓帝国との間に締結されたすべての条約及び協定は、もはや無効であることが確認される〉と書き込まれた。

この「もはや無効である」という部分について、両国はそれぞれ別々の解釈をして、外交関係を結んだ。歴史認識は完全な一致が不可能であることを前提として、不一致を認め合う「アグリー・トゥ・ディスアグリー」原則に立った、知恵ある解決だった。

日本は1910年の併合条約は韓国が独立する1948年まで国際法上有効であり、日本の統治は「合法」なものだったという立場を取った。〈もはや無効である〉という条文は、1948年から無効になったという事実を表しているだけで、当初から無効だったという意味ではないという解釈だ。

一方、韓国はこの条文により「併合条約の当初からの無効が確認された」と解釈した。

そして、両国政府は国内で自国の解釈に立って説明した。そのうえで、両国政府は解釈の違いを外交問題とせずに済ませた。認識の不一致をお互いが知りつつ、条約をまとめ、過去を清算したのだ。

## 日本の韓国統治は合法だが遺憾

佐藤栄作首相と椎名悦三郎外務大臣は1965年11月19日、参議院本会議で次のように答弁している。議事録から引用する。

佐藤「当時、大日本帝国と大韓帝国との間に条約が結ばれたのであります。これがいろいろな誤解を受けておるようでありますが、条約でありますます限りにおいて、これは両者の完全な意思、平等の立場において締結されたことは、私が申し上げるまでもございません。したがいまして、これらの条約はそれぞれ効力を発生してまいったのであります。これらの問題が、この基本条約第二条によりまして、もはや効力を失ったと、こういうことが規定されておるのであります。それらの点については、詳しくは外務大臣からお答えをいたさせたいと思います。」

椎名「基本条約第二条についてやや補足いたします。これは、従来の日韓間に締結された旧条約、それに対して、客観的にもはや無効であるという事実を宣言したものでございまして、これらの条約がしからばいつ無効になったのかという問題が残るのでございますが、日韓間の併合条約は、一九四八年八月十五日、すなわち朝鮮が日本の支配から離れたとき、すなわち韓国が独立を宣言したその日から失効したという解釈をとっております。それから併合前の諸条約は、それぞれ条約の所定の条件が成就した際に失効し、あるいはまた、併合条約の発効に際して失効するという解釈をとっております。」

ただし、日本の過去に対する評価はもう一つあった。すなわち、韓国が独立国として発展している現在の時点に立てば、「過去は遺憾であって反省し、繰り返してはならない」とする政治的・道義的評価である。これも1965年の時点からすでに表明されていた。

1965年2月20日、椎名外相が訪韓したときに出された日韓共同コミュニケに、〈李外務部長官は過去のある期間に両国民間に不幸な関係があったために生まれた、韓国民の対日感情について説明した。椎名外務大臣は李外務部長官の発言に留意し、このような過去の関係は遺憾であって、深く反省していると述べた〉と書かれた。

全斗煥《チョンドゥファン》訪日時の1984年9月に、昭和天皇が「今世紀の一時期において両国の間に不幸な過去が在したことは誠に遺憾であり、再び繰り返されてはならないと思います」とあいさつされ、中曽根康弘首相が同年8月に「過去においてご迷惑をおかけし、惨害をおかけした。これを深く反省し、再び起こすことのないよう決意している」と表明したのも同じ脈略だ。

その後、盧泰愚大統領訪日での今上陛下のお言葉、村山談話もすべて、現在の時点から過去を振り返った政治的・道義的評価をしたもので、法的責任をともなう当初から不法・無効という韓国の評価とは一線を画し続けてきた。

繰り返すが、日本政府の過去の韓国統治に関する評価は、帝国主義が全盛だった当時の国際法では「合法」「有効」であったが、韓国が独立した時点からの政治的・道義的評価として謝罪を行ってきたのだ。

あの村山富市首相も、謝罪を精一杯盛り込んだ村山談話を出して2ヵ月後に、次のように答弁して日本の立場を守った。

「韓国併合条約は当時の国際関係等の歴史的事情の中で法的に有効に締結され、実施されたものであると認識をいたしております。

しかしながら、今申し上げましたような認識と韓国併合条約に基づく統治に対する政治的、道義的評価とは別の問題であり、政府としては、朝鮮半島地域のすべての人々に対し、過去の一時期、我が国の行為により耐えがたい苦しみと悲しみを体験されたことについて、深い反省と遺憾の意を従来より表明してきたところでございます」（1995年10月5日参議院本会議）。

この答弁は日本国内では問題にならなかったが、日本共産党機関紙「赤旗」だけが批判した。それが契機となり、まず北朝鮮が村山妄言と非難し、韓国マスコミがそれに続き、当時の韓国金《キム》泳三《ヨンサム》政府も日本に抗議した。

村山首相は1995年11月14日、金泳三大統領に書簡を出して事態の沈静化を図ったが、そこでも「十九世紀後半からの急速に生じた大きな力の差を背景とする双方の不平等な関係の中で、韓国併合条約とそれに先立つ幾つかの条約が締結された。これらの条約は、民族の自決と尊厳を認めない帝国主義時代の条約であることは疑いをいれない」（『朝日新聞』1995年11月14日）と条約の有効性については否定せず、「民族の自決と尊厳を認めない帝国主義時代の条約である」という当時の国際法的枠組みを確認していた。

1965年当時に作り上げられ現在まで引き継がれているこの歴史評価は見事だと、私は高く評価している。日本の国益を最大限に守りつつ韓国との未来志向的な関係の基礎を築いたからだ。

「合法」ではあるが「遺憾」だという二つの評価を同時に行った椎名外相をはじめとする当時の関係者の知恵に敬意を表したい。

## サンフランシスコ講和条約の枠組み

反面、韓国はこの条文により、併合条約が当初から無効だと規定されたので、日本の統治は不法だったという自分たちの主張が認められたという解釈をとった。

李東元外務部長官は1965年8月8日、韓国国会韓日条約特別委員会で、「1910年8月22日の合邦条約やそれ以前に大韓帝国と日本国間で結ばれたすべての条約と協定は過去日本の侵略主義の所産であり、我々の民族感情や日本の韓国支配が不満であったという我々の基本的立場から見るときに、当然、無効だということは言うまでもありません。（略）政府としては1910年8月22日またはそれ以前に締結されたすべての条約や協定は当初から無効であることが基本条約第2条で確認されたという見解であることをこの場で明白にしようとするものです」（日本研究室編『韓日関係資料第I号』高麗大学亜細亜問題研究所・1970年・所収の「韓日間条約と諸協定批准同意案審査特別委員会会議録（抜粋）」から西岡が訳した）と答弁した。

しかし、第2章で見たように、日韓国交交渉の基礎となったサンフランシスコ講和条約では韓国のこの主張は認められなかった。韓国政府もそのことを事実上認めざるを得なかった。日本の統治が不法であるなら賠償が発生するはずだ。しかし、講和条約はそれを認めず、韓国政府もその枠組みを承認して国交を結んだ。

サンフランシスコ講和条約の交渉過程で、李承晩政権は連合国に対して、韓国を戦勝国として認めて平和条約に参加させてほしいと求めた。上海や重慶などで活動していた臨時政府が日本に宣戦布告をしていたことなどがその根拠だった。連合国はその主張を認めなかった。韓国を占領した米国は臨時政府を政府として認めず、金九《キムグ》政府主席をはじめとする要人らが政府の資格で帰国することを拒否した。

だから、韓国は戦勝国が受け取ることができる賠償を請求できなかった。なお、連合国の植民地で戦後独立したフィリピン、ビルマ（現・ミャンマー）、インドネシア、ベトナムは賠償を受け取った。

講和条約で日本は、韓国の独立を承認することと、韓国との間の未清算の財産関係を清算するための請求権交渉を行うことを義務づけられた。その交渉の結果、日本は無償3億ドル、有償2億ドルを提供して請求権問題を〈完全かつ最終的に解決〉させた。

この資金の法的性格について韓国政府は1965年3月に発行した『韓日会談白書』で次のように正確に認めている。

〈サンフランシスコ講和条約第4条の対日請求権は、戦勝国の賠償請求権とは区別される。韓国は不幸なことにもサンフランシスコ講和条約の調印当事国として参加できず、したがって平和条約第14条の規定によって戦勝国が享有する「損害及び苦痛（damage and suffering）」に対する賠償請求権を認定されることができなかった。

しばしば、請求権問題と関連して「日帝の36年間植民地統治の代価」として論議する一部の意見は、このような韓・日間の請求権問題には賠償請求を含ませることができないという根本的立場を認識できないところから起きる概念の混同だと見ることができる。

我々が日本国に要求する請求権に国際法を適用してみれば、領土の分離分割に伴う財政上及び民事上の請求権解決の問題なのだ。〉（40〜41ページ・西岡訳）

先述のとおり、判決は『白書』のこの部分を奇妙に解釈していたが、まともにこの記述を読めば、韓国政府も建前としての併合不法論を維持しながら、韓国は国際法上賠償を受けられないという現実的な立場を国民に説明していたことが分かる。やはり、関係者の知恵として評価されるべきものだ。

なお、サンフランシスコ講和条約では、両国が相手に対して請求権を要求できるとされていた。

## 5億ドルが生んだ「漢江《ハンガン》の奇跡」

第2章でも触れたが、日本の在韓財産は米軍政庁が接収し、韓国政府成立後に同政府に無償で引き渡すという処分がなされていた。そこで李政権は米国などに交渉して、同条約に、日本は米軍政庁が行った日本財産処分を承認すると書かせることに成功した。

韓国は、その規定により日本は請求権を主張できなくなったという立場を取った。一方、日本は、朝鮮総督府などの政府機関の財産は放棄するが、民間人財産についてはハーグ陸戦法規が占領軍の私有財産無償没収を禁じていることを根拠に日本人の請求権は残っており、その金額は韓国が日本に持つ財産と請求権より多いと主張した。

その後、米国務省の仲介などがあり、日本は岸信介政権時代に日本人の請求権に対する主張を取り下げた。

日本は、韓国の民間人に対する年金、補償金、未払い賃金、預金などは、根拠があれば個別にその本人に払うと主張したが、韓国は民間人の請求権分も一括して韓国政府に払ってほしいと主張した。

最終的に日本はその韓国の要請を受け入れ、経済協力資金として無償3億ドルと有償（低利借款）2億ドルを提供することで、請求権問題が〈完全かつ最終的に解決した〉と協定に書き込んだ。当時の日本の外貨準備高は約20億ドルだったから、この5億ドルは大きな負担で、10年分割で提供した。

当時の韓国の外貨準備高は1億3000万ドル、国家予算は3億5000万ドル、貿易赤字は手持ち外貨をはるかに上回る2億9000万ドルだった。三星《サムスン》財閥の創業者の李秉喆《イビョンチョル》会長は生前、日韓の歴史問題が浮上したとき、「当時の5億ドルは有難かった」と述懐していたという。

日韓国交を推進した朴正熙大統領は、野党、マスコミ、学生らが激しい反対運動を展開するなか、1964年に戒厳令、65年に衛戍令《えいじゅ》を敷いて軍を動員して反対運動をおさえながら国交正常化を断行した。朴大統領は反対勢力に対して「俺の墓につばを吐け」と語り、歴史がこの決断を評価するという信念で突き進んだ。

朴大統領は与えられた厳しい条件の下で、なんとかして自国の安全と経済発展を成し遂げようと努力した自助精神の強いナショナリストだった。その心情は、1965年6月23日の次のような韓日会談妥結に際しての朴大統領の特別談話によく表れていた。

〈去る数10年間、いや、数100年間われわれは日本と深い怨恨のなかで生きて来ました。彼等はわれわれの独立を抹殺しましたし、彼等はわれわれの父母兄弟を殺傷しましたし、そして彼等はわれわれの財産を搾取しました。過去だけに思いをいたすならば彼等に対するわれわれの骨にしみた感情はどの面より見ても不倶戴天といわねばなりません。しかし、国民の皆さん！　それかと云ってわれわれはこの刻薄な国際社会の競争の中で過去の感情にのみ執着していることは出来ません。昨日の怨敵といえどもわれわれの今日と明日のため必要とあれば彼等とも手をとらねばならないことが国利民福を計る賢明な処置ではないでしょうか。

（略）諸問題がわれわれだけの希望と主張の通り解決されたものではありません。しかし、私が自信をもって云えますことはわれわれが処しているところの諸般与件と先進諸国の外交慣例に照らしてわれわれの国家利益を確保することにおいて最善を尽くしたという事実であります。外交とは相手があることであり、又、一方的強要を意味することではありません。それは道理と条理を計り相互間に納得がいって始めて妥結に至るのであります。〉（『朝鮮研究』41号・日本朝鮮研究所・1965年7月・収録の訳文より）

その立場から、朴正熙大統領は日本からの資金を大切にかつ効率的に使った。被害者らに配ってしまえば消費して終わりになる。統治の被害は動員されたものだけが受けたのではなく、全国民がみな受けた。その観点から、日本からの資金は主として生産財に限って使うことにされた。大韓民国経済企画院が1976年発行した『請求権資金白書』によると、具体的には、

1　すべての国民が利益を均等に受ける

2　国民所得が増加する

3　韓国の主導的意思より決定
4　長く記念される大単位事業
という基準を立て、ソウル釜山間の京釜高速道路の建設、春川の昭陽江ダムの建設、浦項製鉄所の建設、農業用耕耘機と動力撒噴霧機などに使われた。汚職によって無駄遣いされないようにセメント一袋買うのも大統領の決裁とされたという。

その結果、日本の資金は「漢江の奇跡」と呼ばれる韓国高度経済成長に大きく寄与した。『請求権資金白書』によると、同資金は1966年から75年まで韓国の経済成長の約20％に寄与している。拙著『日韓誤解の深淵』の巻末に資料として同白書の主要部分を訳載してあるので関心がある方はぜひ参照してほしい。

また、1975年と2007年の2回、個人補償も実施された。詳しくは本書第6章に書いた。

①安全保障上の共通の敵、②共通の価値観、③利害関係の全体的一致の三つがあるときに、二つの国は同盟関係やそれに近い友好関係を築くことができる。まさに1965年から現在までの日韓関係は、①北朝鮮とその背後の共産陣営という共通の敵を持ち、②自由民主主義、市場経済、人権、法の支配という共通の価値観を有し、③貿易や投資で共通の利害関係に立ち、米国という媒介を通じてだが、事実上の同盟関係を築いてきた。

ところが、今回の不当判決はその根底を崩すものだった。日韓関係を大切にする両国の良識ある人々はこの不当判決を認めてはならないのだ。

# 第4章　日韓関係を悪化させる日本人たち

## 和田春樹らの政治工作

私は本書で、日韓関係をここまで悪くした元凶として不当判決の土台にある「日本統治不法論」を批判してきた。

じつは、「統治不法論」を提供したのは、日本人だった。和田春樹（東京大学名誉教授）や作家の大江健三郎は、日本政府に「日本統治不法論」を認めさせようという日韓関係の根底をくつがえそうとする運動をずっと展開してきた。

なぜ、日韓関係はここまでおかしくなったのか。その背景には、日本国内の親北・反韓・反日勢力が意図的に日韓関係の法的基礎を崩し、北朝鮮の独裁政権に有利な状況を作ろうと40年近く働きかけてきたことがある。日韓関係を悪化させようという彼らの政治工作がまんまと成功し続けているのだ。

その代表的人物、和田春樹氏は日朝国交促進国民協会という団体の事務局長として、小泉訪朝以前は横田めぐみさん拉致の存在を公然と疑う文章を公表して批判され、その後も日本政府が全被害者の帰国を要求していることを批判し続けてきた人物だ。

和田氏は1980年代以降、一貫して日本政府の「日韓併合条約は国際法上、合法的に締結された有効なものだった」という解釈を「不法に締結された当初から無効なものだった」という解釈に変えさせようという運動を進めてきた。

彼は大江健三郎などとともに1984年の全斗煥大統領訪日に際し、日本国会で謝罪決議をするように署名運動を行った。それ以降もずっと国会での過去謝罪決議を目指して運動してきた。当時の社会党がそれに乗って、村山政権樹立の際の政権公約に盛り込み、1995年に戦後50年の国会謝罪決議を行うことを与党に入る条件とした。しかし、国会決議が自民党内の保守派の反対で彼らが想定していたようには進まなかったため、村山首相は新たに首相談話を出した。これがあの村山談話だ。しかし、そこに和田らが目指した「日本統治不法論」は盛り込まれなかった。

和田氏は運動のゴールが、「日本統治不法論」を日本政府に認めさせ、それに基づいて補償と歴史教育を行うことだと、村山談話の三年前に次のようにはっきり語っていた。

〈一九一〇年の韓国併合は条約により、合意によったものであり、日本の朝鮮統治は一九四八年［大韓民国成立年・著者註］まで合法的なものであったという認識を日本国家が改めなければならないということです。これなくしては、謝罪は口先だけになり、補償も、真の歴史教育も不可能です。そのような認識の転換は国会決議によるのがのぞましいです。〉（『世界』1992年4月臨時増刊号）

和田氏らは、その後もあきらめず運動を展開した。ちょうど、村山談話から15年後の2010年、併合条約締結100周年を迎える年の首相はリベラル派の菅直人だった。和田氏らの運動は頂点を迎えた。

## 日韓関係を悪化させた日本人540人

2010年5月10日、和田春樹らが発起人となり、「韓国併合」100年日韓知識人共同声明なるものを発表して、日本と韓国の知識人に大々的に宣伝して署名を集めた。日本では、大江健三郎、姜尚中、佐高信、高橋哲哉（東京大学教授）、高木健一（弁護士）ら学者、文化人をはじめ今津弘（元朝日新聞論説副主幹）、小田川興（元朝日新聞編集委員）、山室英男（元NHK解説委員長）、岡本厚（雑誌『世界』編集長）など540人が署名した（巻末に氏名一覧）。

韓国では金大中政権で産業資源相を担当した経済学者金泳鎬（柳韓大総長）が中心となり羅鍾一（元駐日大使）、代表的親北派の姜萬吉（高麗大学名誉教授）、黄皙暎（作家）、左派知識人の白楽晴（小説家）、韓勝憲（弁護士、元監査院長）に加え、現役言論人として姜天錫（朝鮮日報主筆）、高光憲（ハンギョレ新聞社長）、裵仁俊（東亜日報主筆）、許南振（中央日報論説主幹）など587人が署名した。

この人々に、現在の日韓関係悪化の責任があると私は考える。

同宣言は2010年7月28日、当時の与党、民主党の伴野豊国際局長経由で菅内閣に提出された。民主党側からは「真剣に受け止めて検討する」旨の説明があったという。

彼らの動きに歩調を合わせて、6月23日、韓国の与野党議員75人が菅直人首相に、日韓併合条約を「当初から無効」と宣言するように求める建議文を発表した。

また、日本の国会議員の中でも韓国国会議員の動きに連帯しようとする動きがあった。韓国メディアの報道によると、民主党の「戦後補償を考える議員連盟」の岡崎トミ子、今野東、斎藤勁らが、韓国側の議員らと共同声明を出す準備をしていたという。

## 歴史認識は一致しなくて当然

和田氏らの声明の一番大きな問題点は、次のようにはっきりと日韓両国政府と国民が歴史認識を一致させることを求めていることだ。〈2010年を迎え、私たちは、韓国併合の過程がいかなるものであったか、「韓国併合条約」をどのように考えるべきかについて、日韓両国の政府と国民が共同の認識を確認することが重要であると考える〉（声明文より）。

国が異なれば、歴史認識は一致しない。事実関係については学者による厳密な議論により接近できるかもしれない。しかし、歴史認識には価値判断が伴い、その場面ではそれぞれの国ごとに評価が異なって当然だ。あるいは、歴史認識が異なるからこそ異なる国家を作っているとも言える。したがって、和田氏らの日韓歴史認識一致運動は、結局、日本が謝罪し続け、反作用として嫌韓・反韓感情が鬱積し、しかも韓国は常に満足しないという悪循環をまねく。

彼らが追求する共通の認識とは「韓国併合にいたる過程が不義不当であると同様に、韓国併合条約も不義不当である」というものだ。具体的には、日本が日韓基本条約第2条の解釈を変えて、日韓併合条約は当初から不法無効であったという韓国の解釈に認識を一致させるべきだというのだ。同声明からその部分を引用しておく。

〈大韓民国と日本は、1965年に国交を樹立した。そのさい結ばれた日韓基本条約の第二条において、1910年8月22日及びそれ以前に締結されたすべての条約および協定は already null and void（西岡註・もはや法的に無効）であると宣言された。しかし、この条項の解釈が日韓両政府間で分かれた。

日本政府は、併合条約等は「対等の立場で、また自由意思で結ばれた」ものであり、締結時より効力を発生し、有効であったが、１９４８年の大韓民国成立時に無効になったと解釈した。これに対し、韓国政府は、「過去日本の侵略主義の所産」の不義不当な条約は当初より不法無効であると解釈したのである。

併合の歴史について今日明らかにされた事実と歪みなき認識に立って振り返れば、もはや日本側の解釈を維持することはできない。併合条約は元来不義不当なものであったという意味において、当初より null and void であるとする韓国側の解釈が共通に受け入れられるべきである。〉

日本政府と日本国民は韓国の歴史認識に自己の認識を一致させ、45年前に締結され、これまでの日韓関係を規定してきた基本条約の解釈を変えようと主張しているのだ。

併合条約が当初から不法無効となれば、当然、慰謝料賠償責任が生じる。韓国の一部の民間団体、マスコミ、政治家らが１９９０年代以降継続して求めてきた個人補償への法的根拠が生まれることになる。

それは即、日朝国交交渉にはねかえり、北朝鮮の独裁政権の立場を利するものとなることは言うまでもない。

## 韓国併合100周年の「清算」

日本では朝日新聞などが小さくしか報道しなかったため、和田氏らの運動と共同声明についてはほとんど知られていない。しかし、韓国のマスコミはその動きを大きく扱い、その主張は広く紹介された。その結果、併合100周年を迎え日本政府が談話を出すことと、その談話の内容として歴史認識が一致すること、それも一方的に日本が韓国の認識に合わせることが、「良心的な過去清算」であるとの基準ができあがってしまった。

そのような中、菅首相は8月10日に日韓併合100周年談話を出した。

〈ちょうど百年前の八月、日韓併合条約が締結され、以後三十六年に及ぶ植民地支配が始まりました。三・一独立運動などの激しい抵抗にも示されたとおり、政治的・軍事的背景の下、当時の韓国の人々は、その意に反して行われた植民地支配によって、国と文化を奪われ、民族の誇りを深く傷付けられました。

私は、歴史に対して誠実に向き合いたいと思います。歴史の事実を直視する勇気とそれを受け止める謙虚さを持ち、自らの過ちを省みることに率直でありたいと思います。痛みを与えた側は忘れやすく、与えられた側はそれを容易に忘れることは出来ないものです。この植民地支配がもたらした多大の損害と苦痛に対し、ここに改めて痛切な反省と心からのお詫びの気持ちを表明い

たします。〉

ここで日本の統治は「韓国人の意に反する」もの、つまり強要されたとはしたものの、不法という評価にまでは踏み込まなかった。ところが、和田氏らの活動を大きく韓国マスコミが報じたため、菅首相が「日本統治不法論」を明言しなかったことへの批判の声が多数上がった。

李明博《イミョンバク》大統領は「一歩前進と評価するが課題は残っている」と評価した。当時の保守与党・ハンナラ党は「菅首相が、韓日強制併合は韓国人の意に反していたと表現、『朝鮮王室儀軌』などを返還する意向を表明したことは、過去より一歩前進した動きと評価できるが、強制併合条約の不法性と日本軍慰安婦の強制動員などについて具体的な言及がなかった点は、植民地支配の苦痛をはっきりと記憶している韓国国民の気持ちを鎮めるには不十分」とした。

当時の韓国左派野党・民主党は「韓日強制併合は当初から無効であるという宣言が抜け落ちているほか、植民支配時期にあった数多くの犠牲や、日本軍慰安婦問題などに対する言及がまったく入っていない。誠実性に対する疑いの目をいまだ向けざるを得ない」「強制徴用と慰安婦被害の補償問題などについて、誠意ある後続措置が伴われるべき」とした。ここで「強制徴用の補償」が出ていることを見逃してはならない（以上、与野党の反応は韓国紙の報道による）。

そもそも併合100周年と言っても、1945年に日本による韓国統治は終了し、それから65

年つまり100年のうち3分の2にあたる年月が経過している。1965年に日韓両国が過去の関係を法的に清算して国交を結んでからでも、100年のほぼ半分である45年が過ぎていた。

そう考えると、併合100年の時点で菅直人首相が謝罪談話を出したことも普通ではない。そのうえ、韓国大統領が首相談話を「一歩前進と評価するが課題は残っている」と過去へのこだわりを続け、韓国与野党から不十分だとの批判が出たことは、どう考えても正常な関係ではない。

そして、この2年後の2012年5月、韓国最高裁がそれまで下級審で全部敗訴していた朝鮮人戦時労働者らへの賠償支払いを認める逆転差し戻し判決を下した。その論理の骨子は本書で詳しく批判してきた「日本統治不法論」だった。つまり、和田氏らの運動が韓国最高裁に「日本統治不法論」という日韓関係を悪化させる論理を転移させたのだ。

韓国最高裁の不当判決で日韓関係が悪化した後の2019年2月6日、和田氏らは224人の署名を集めて「2019市民知識人声明」を発表した。

ところが、その声明は肝心の判決の当時、日本統治不法論を支持するのかどうかについての立場を明らかにしなかった。ただ、「20万人といわれる戦時労務動員被害者とその遺族の不満の声があらためて日韓関係に激震をあたえている（略）なお一層の真剣な対処が必要とされる」とあたかも人ごとのように書いただけで、判決にまったく言及していないのだ。

悪化する日本国民の感情に恐れをなしたとも思われるが、無責任と言うしかない。

一方、調査研究の面でも、まず戦時労働問題を取り上げたのは日本人だ。

1960年代以降、日本国内の朝鮮総連や日本人左派学者が戦時動員全体を「強制連行」と呼び始め、彼らの立場からの調査が続けられてきた。総連が持つ朝鮮大学校の教員だった朴慶植《パクキョンシク》が有名な『朝鮮人強制連行の記録』（未来社・1965年）という本を出したことから、左派の日本人と在日朝鮮人学者らが調査、研究を運動として始めた。韓国でもまず学界がその影響を受け、次第にマスコミが「強制連行」と報じるようになった。

韓国政府も盧武鉉政権時代の2004年、「日帝強占下強制動員被害真相糾明委員会」を設立した。ここで言われている「強制動員被害」とは、「満州事変以後太平洋戦争に及ぶ時期に日帝により強制動員され、軍人、軍属、労務者、又は軍慰安婦等の生活を強要された者が被った生命、身体及び財産等の被害をいう」（日帝強制占領下強制動員被害真相究明等に関する特別法）。

まず、日本において問題提起がなされ、それが韓国の当事者を刺激し、運動が始まり、韓国マスコミが大きく取り上げ、韓国政府が動き始めるという、慰安婦問題とほぼ同じパターンで事態が悪化した。

日本の運動家と左派学者らは2005年、「強制動員真相究明ネットワーク」（当時の共同代表・内海愛子、飛田雄一、上杉聰）を結成して、韓国政府の調査を助けている。共同代表の一人である内海愛子は、2000年の「女性国際戦犯法廷」で、東京裁判を「天皇の免責、植民地の欠落、性暴力の不処罰」を理由に批判した学者だ。彼ら、彼女らは、日本の朝鮮統治が国際法上、非合法であったという立場を日本政府に認めさせ、国家補償を実施することを目的とした大規模な反日運動を続けている。同ネットワークはホームページにアップしている「朝鮮人強制動員Q＆A」の中でこう主張している。

〈「強制連行がなかった」とする主張の根本には、植民地支配は正当なものであるという認識があります。日本による植民地支配は正当な支配であり、動員は合法的なものであるという考え方です。しかし、韓国では「韓国併合」を不法・不当ととらえており、日本に強制的に占領された時期としています。

まず、植民地として支配したことを反省することが大切でしょう。（略）強制的な動員は人道に反する不法行為でした。

強制連行は虚構や捏造ではありません。強制連行がなかったという宣伝じたいがプロパガンダであり、虚構や捏造です。

歴史学研究では、戦時に植民地・占領地から民衆の強制的な動員がなされたことは歴史的事実として認知されています。歴史教科書にもそのような認識が反映され、植民地・占領地から強制的な動員がなされたことが記されています。朝鮮人の強制連行はそのひとつなのです。〉

反日日本人らは日本の朝鮮統治を不法・不当と位置づけ、日韓関係の基礎を崩そうとする運動を1980年代からしつこく続けてきた。

## 戦時労働者裁判を支援したのも日本人

さらに指摘しなければならないことは、原告らを探し出し、資金を支援して、まず日本で裁判を起こさせ、それが敗訴すると今度は韓国での訴訟を起こすように励まし支援したのも日本人弁護士や運動家だったという事実だ。

2019年1月末現在、韓国で係争中の裁判は、すでに2018年に確定判決が出た新日鐵住金訴訟1件と三菱重工訴訟2件を合わせて、15件ある。訴えられた日本企業は合計70社、訴えた原告は合計945人だ。それをまず概観しておこう。

15件の約7割を占める11件は、三菱重工（5件）、新日鐵住金（3件）、不二越《ふじこし》（3件）の3社を相手にしたものだ。これら3社は、日本に支援組織があり、まず日本で裁判が起こされて敗訴し、その後、日本の支援組織の援助を受け韓国で裁判が起こされたという共通の特徴がある。

三菱重工裁判の支援組織は、「名古屋三菱・朝鮮女子勤労挺身隊訴訟を支援する会」と「三菱広島元徴用工被爆者裁判を支援する会」だ。長崎にも支援組織があるという情報があるが、詳細は不明だ。前者は「金曜行動」と称して２００７年7月20日から毎週金曜日に三菱重工がある品川駅前でビラ配りと街宣活動をし、本社に抗議訪問をしてきた。三菱重工敗訴判決が出た翌日の２０１８年11月30日の行動で４４８回を数えるという。

新日鐵住金裁判支援組織は「日本製鉄元徴用工裁判を支援する会」だ。彼らは韓国最高裁確定判決が出た後も、同社本社に乗り込み抗議活動をしている。同会は１９９５年から活動を始めている。ほぼ毎月1回から2回、東京本社と大阪支社前で抗議活動をし、毎年、株主総会に出て経営側を追及し、また、原告や支援団体幹部らを頻繁に日本に呼んで本社への抗議訪問などを行ってきた。毎年数回「東京大行動」と称する、争議や裁判闘争をしている急進左派系組合による政府や関連企業への巡回抗議活動に参加して、多くの左派系組合員を連れてきて本社前で抗議活動をしてきた。

不二越裁判の支援組織は、第二次不二越強制連行・強制労働訴訟を支援する北陸連絡会だ。１９９２年、富山地裁に裁判を起こしたときから活動している。同会は２０１６年から２０１８年11月までの約三年間に、不二越の富山事業所前で12回抗議活動を行い、東京本社に3回抗議訪問し、韓国から原告を呼んで3回、株主総会に参加している。

これらの支援組織は左派系労組や学者、宗教人などが主体で、現在に至るまで毎年、当該企業の株主総会に出席し、年に数回、企業を抗議訪問している。

なお、不二越は日本で最初に起こされた一次訴訟の原告らと和解して「解決金」を払っている。2000年7月、日本最高裁で不二越と和解が成立、原告3人、元同僚5人、「太平洋戦争韓国犠牲者遺族会」（金景錫《キムギヨンソク》会長）に合計三千数百万円の解決金が支払われた。法的責任は認めてはいないが、激しい抗議活動に負けて現金の支払いに応じたといえよう。

日本での不二越第一次訴訟では、金景錫・太平洋戦争韓国犠牲者遺族会長が原告団の団長となり、繰り返し訪日して、日本の支援者らとともに不二越への直接抗議活動にも参加していた。

金景錫氏は日本鋼管川崎工場の元工員で、1991年、日本鋼管を相手に裁判を起こし、1999年4月、高裁で和解し、約400万円を受け取った人物だ。

彼は不二越に勤務経験がないにもかかわらず、遺族会として不二越からも解決金を受け取っている。

抗議が終わることを期待して和解した不二越だが、その後、同じ支援組織が韓国から別の原告を呼んできて日本で第二次訴訟を起こし、それが敗訴してから韓国で裁判を起こした。そのため、不二越は韓国で裁判を起こされた時期が新日鐵住金や三菱重工に比べて遅かった。

日本鋼管と不二越が過去、和解に応じたのは、政府や民間の専門家が企業を反日運動からしっかり守らなかったからだ。

これを教訓として、今後は企業を守る体制を官民挙げて作る必要がある。それなしには、騒がれることを避けるために和解に応じて財団や基金に出資してしまう日本企業が出るかもしれないのだ。

三菱重工、新日鐵住金、不二越以外の4件のうち日立造船を1人の原告が訴えたもの以外の3件は、62人（当初は252人だったが62人以外は取り下げとみなされた）、667人、86人という多数の原告がそれぞれ3社、70社、18社をまとめて訴えているところに特徴がある。

2015年に韓国最高裁が新日鐵住金の先行裁判に対して原告敗訴の高裁判決を棄却して高裁に差し戻す判決を下した後、勝訴の可能性を見た韓国内の弁護士や運動家の勧めで多数の原告があわてて起こしたのだ。

11月29日、三菱重工業に対する2件の訴訟で賠償支払いを命じる確定判決が出た時点での、15件の裁判の全体を概観しておこう。

その後、高裁や地裁で日本企業敗訴の判決が続いて出ている。今後もその動きは加速化しよう。また、12月5日、光州高裁は三菱重工に賠償支払いを命じる控訴審判決の中で、まだ訴訟を起こしていない三菱重工の元労働者らが提訴できる期限について、10月30日の最高裁判決を起点に最長3年後まで可能との判断を示した。新たに多くの裁判が起こされることも予想される。

なお、三菱重工はこの3件全部でも被告とされ、新日鐵住金はあとの2件で被告になっている。したがって、三菱重工は合計8件、新日鐵住金は合計5件の裁判で訴えられていることになる。

２０１８年11月末現在の状況を概観しておこう。

Ｉ　三菱重工を相手とする5件、原告81人。

①　90年代、日本の活動家と弁護士らの支援を受けて日本で訴訟を起こしたが、すべて敗訴した。その後、原告5人が２０００年5月釜山地裁に三菱重工業を相手に提訴したが、地裁、高裁で原告が敗訴。ところが、２０１２年5月に最高裁小法廷が1審、２審の原告敗訴判決を「日本の朝鮮統治は違法な占領」などとして破棄する差し戻し判決を下した。

それを受けて２０１３年7月、釜山高裁で原告逆転勝訴判決が下され、三菱が最高裁に再上告した。２０１８年11月29日、最高裁が上告を棄却して、1人当たり８０００万ウォン（約８００万円）の支払いを命じる確定判決を下した。

②　勤労挺身隊として三菱重工名古屋工場に動員された女性ら5人が原告。5億６０００万ウォン請求、２０１３年11月、光州地裁原告一部勝訴、２０１５年6月、光州高裁原告一部勝訴、三菱が最高裁に再上告。

２０１８年11月29日、最高裁が上告を棄却して、1人当たり1億ウォンから1億５０００万ウォンの支払いを命じる確定判決を下した。

③　原告60人が9億９５００万ウォンを求めて提訴。２０１６年八月、ソウル地裁原告一部勝訴、

ソウル高裁控訴。

別の原告五人が、2600万ウォンを求めてソウル地裁に提訴、2016年8月、原告一部勝訴、ソウル高裁で③と統合された。
④ 原告60人が9億9500万ウォンを求めて提訴、2016年8月、ソウル地裁原告一部勝訴、ソウル高裁控訴。
⑤ 原告2人が1億2300万ウォンを求めて提訴、2017年、光州地裁提訴。
⑥ 原告4人が4億7000万ウォンを求めて提訴、2017年8月、光州地裁が4億7000万ウォンの賠償支払いを命じ、原告勝訴、光州高裁控訴。

Ⅱ 新日鐵住金を相手とする3件、原告14人

⑦ ①と同様に90年代、日本の活動家と弁護士らの支援を受けて日本で訴訟を起こしたが、すべて敗訴した。
その後、2005年2月に原告4人がソウル地裁に新日鐵住金を提訴したが、地裁、高裁で原告が敗訴していた。ところが、2012年5月に最高裁小法廷が1審、2審の原告敗訴判決を「日本の朝鮮統治は違法な占領」などとして破棄する差し戻し判決を下した。それを受けて2013年7月、ソウル高裁が原告らに1人1億ウォンの支払いを命じる判決を下し、新日鐵住金が

最高裁に再上告した。

２０１８年10月30日、最高裁大法廷が上告を棄却して、１人当たり１億ウォンの支払いを命じる確定判決を下した。

⑧　原告８人が１人当たり１億ウォンを求めて提訴、２０１５年11月、ソウル地裁原告勝訴、ソウル高裁控訴。

⑨　原告３人が１億ウォンを求めて２０１５年５月、ソウル地裁提訴。

Ⅲ　不二越を相手とする３件（すべて勤労挺身隊として動員された女性らが起こした裁判）、原告33人

⑩　原告27人（元挺身隊員13人、同４人の遺族）が14億３０００万ウォンを求めて提訴、２０１４年10月、ソウル地裁が計15億ウォンの支払いを命じ、原告勝訴、ソウル高裁控訴。

⑪　原告５人が５億ウォンを求めて提訴、２０１６年11月、ソウル地裁原告勝訴、ソウル高裁係留。

⑫　原告１人が１億ウォンを求めて提訴、２０１７年４月、ソウル地裁が１億ウォンの支払いを命じ、原告勝訴、ソウル高裁控訴。

Ⅳ　多数の原告が多数の企業を訴えたケース３件、原告８１６人

三菱重工業ほか2社を訴えた原告63人、横浜ゴムほか68社を訴えた原告668人、住石ホールディングスほか17社を訴えた原告87人

⑬　三菱重工ほか2社に原告252人が25億2000万ウォンを求めて提訴、2013年12月、ソウル地裁提訴、当初の原告は252人だったが63人以外は取り下げとみなされている。ほかの2社の社名は調べられなかった。

⑭　横浜ゴムほか68社に原告667人が66億8000万ウォンを求めて提訴、2015年4月、ソウル地裁提訴。

ほか68社は、麻生セメント、安藤・間、石原産業、岩田地崎建設、宇部興産、王子製紙、大林組、角一化成、鹿島、クボタ、熊谷組、小林工業、佐藤工業、三光汽船、山陽特殊製鋼、昭和電気鋳鋼、清水建設、品川リフラクトリーズ、ジャパンエナジー、新日鐵住金、菅原建設、住友化学、住友金属鉱山、住石ホールディングス、大成建設、ダイセル、ダイゾー、太平洋興発、デンカ、東邦亜鉛、東芝、常磐興産、飛島建設、新潟造船、西松建設、日油、日産化学、日産自動車、ニッチツ、日鉄鉱業、日本曹達、日本通運、日本冶金工業、日本郵船、野上、函館どつく、パナソニック、日立造船、廣野組、フジタ、古河機械金属、北海道炭礦汽船、松村組、三井金属、三井松島ホールディングス、三井E&Sホールディングス、三菱ケミカル、三菱重工業、三菱倉庫、三菱電機、三菱マテリアル、三宅組、森永製菓、山口合同ガス、ラサ工業、りんかい日産建設、

ＤＯＷＡホールディングス、ＩＨＩ。

［日本経済新聞２０１８年10月30日付などから西岡が整理。なお、同記事では松本組とされていたが、同社は、戦中は家業として家曳きや大工を営んでおり株式会社となったのは１９７０年だから、韓国政府リストにあった松村組の誤記と判断して松村組とした］

⑮ 住石ホールディングスほか16社に原告87人が１人当たり１０００万ウォンを求めて提訴、２０１５年５月、ソウル地裁提訴。
ほか16社は、岩田地崎建設、宇部興産、ジャパンエナジー、新日鐵住金、菅原建設、住友金属鉱山、飛島建設、西松建設、日産化学、北海道炭礦汽船、三井金属鉱業、三井Ｅ＆Ｓ造船、三菱重工業、三菱マテリアル、山口合同ガス、ＴＳＵＣＨＩＹＡ。

［日本経済新聞２０１８年10月30日付などから西岡が整理］

Ｖ その他１件、原告１人
⑯ 日立造船に原告１名が１億２０００万ウォンを求めて提訴、２０１６年９月、ソウル地裁が５０００万ウォンの支払いを命じ、原告勝訴、ソウル高裁係属。
［以上は韓国の「民主社会のための弁護士の集まり（民弁）」が２０１８年８月２日に公表した報告書などによ

り西岡が作成］

２０１８年10月と11月に最高裁は、⑦で１人当たり１億ウォン、①で１人当たり８０００万ウォン、②で１人当たり１億ウォンから１億５０００万ウォンの支払いを命じた。

原告は合計９４５人だから、１人当たり１億ウォンとすると９４５億ウォン、１００億円近い金額となる。

これが和田春樹氏らと、原告らを支援してきた反日活動家たちの長年の活動の成果だ。

# 第5章　日本企業を守れ

## 差し押さえ執行手続きへ

ついに日本企業の韓国における財産が侵害される重大事態が起きた。

２０１８年12月24日、韓国最高裁の不当判決を受けて、新日鐵住金訴訟原告の代理人は「韓国内の財産に対する差し押さえ執行手続きに入る」と明らかにした。一方、代理人は差し押さえをした後も、資産を現金化して原告に渡すことは当面しないで、あくまでも協議による解決を目指すとしている。代理人は、年末の12月31日付で新日鐵住金の韓国内の財産を差し押さえる法的手続きを開始した。大邱地裁浦項支部に差し押さえのための申請書を提出したのだ。差し押さえの対象は、新日鐵住金が所有する韓国の鉄鋼最大手ポスコの合弁会社ＰＮＲの株式だった。

２０１９年１月９日、新日鐵住金に、差し押さえが執行されたという通知が韓国裁判所から届いた。ついに、具体的に日本の民間企業の財産が侵害される、日本の法体系からすると、盗まれるという重大事態が起きたのだ。

韓国政府はこれまで、戦時労働者の個人請求権はすでに解決済みだという立場に立っていた。判決後もその立場を変えたという表明はない。また、国際法上、締結された条約や協定は、行政、立法、司法すべてを拘束する。だから、日本政府は韓国最高裁の判決で国際法違反事態が生まれているとして、韓国政府にその是正を迫っている。

韓国政府は、最初の不当判決が出て2ヵ月以上経った2019年1月上旬の段階で、いまだに判決に対する政府の立場を表明せず、首相の下に作られた委員会で検討作業をしていると弁解ばかりを繰り返す。それどころか、不当判決を批判する日本政府や与党国会議員の意見を非難してさえいる。

日本政府は今、対抗措置を検討しているという。1月9日に、まず、請求権協定に基づき外交交渉を求めた。それで解決できない場合は、やはり協定に基づき第三者を入れた仲裁委員会を作ることを求める。それでもうまくいかない場合に国際司法裁判所提訴があり得ると報じられている。

この状況を受けて日本がなすべきことを論じたい。まず、訴えられている民間企業を徹底的に守ることだ。幸いなことに新日鐵住金は毅然たる姿勢を貫いている。現在、70社超が訴えられている。そのすべての企業が同じ姿勢を保てるように、政府と民間で企業を守る体制を早急に作らなければならない。

## 真の狙いは財団設立？

じつは原告と支援者らにも弱みがある。彼らは判決の実行を求めていない。もっと膨大な資金を日本企業から取って巨額の基金を持つ財団を作ろうとしているのだ。

通常なら、株式を差し押さえる場合、売却命令も同時に申請して現金を受け取るのだが、新日鐵住金裁判の原告代理人らはそれをしなかった。彼らが1月2日に出した声明には、「（売却命令を申請しなかったのは）新日鐵住金との協議を通じて判決履行を含む強制動員問題の円満な解決を望むためだ」とある。求めていることは判決の履行だけでなく、「強制動員問題の円満な解決」、つまり原告以外の膨大な戦時労働者らへもカネを払うことだと示唆した。

２０１８年11月30日、衆院第一議員会館で開かれた集会で、三菱重工で働いていた元女子挺身隊員を支援してきた李国彦《イクゴオン》がビデオメッセージを通して「日本企業は早期に和解の道を模索してほしい。個別訴訟を通じて救済を受けさせるのは道理に反する」と、やはり和解に全員への補償を求めた。

一方、２０１８年12月20日、「アジア太平洋戦争犠牲者韓国遺族会」の呼びかけに応じた１１

03人の元戦時労働者らが韓国政府に対して補償を求めて提訴した。補償は韓国政府の責任だという正論に立った動きで歓迎できる。この動きと原告代理人らの弱みはじつは連動している。同会は2015年に日本企業69社を相手に667人の原告を集めて提訴しており、来年には1000人の原告を集めてやはり日本企業を提訴するというから、論理的整合性を疑わざるを得ないのだが、この動きは予想できた。

日本企業を相手にした裁判でいくら勝訴しても、彼らの望む補償は実現不可能である。その理由を説明しよう。まさにそこに彼らの弱点がある。

盧武鉉政権時代に作られた政府委員会（対日抗争期強制動員被害調査及び国外強制動員犠牲者等支援委員会）は、戦時動員された者を認定する作業を行い、22万人を認定した。軍人・軍属が7万人、労働者が15万人だ。

前者の軍人・軍属は、賃金も安く危険な任務に就き、犠牲も多かったが、国際法上の裁判免除権を持つ日本政府を相手に韓国で提訴すること自体が困難だし、万一、韓国の司法が「日本統治不法論」に立って日本政府に慰謝料支払いを命じても、外交保護権の下にある日本政府の財産を差し押さえることはほぼ不可能だ。だから、これまで誰も韓国裁判所に日本政府を提訴していない。

また、後者の労働者のうち、すでに消滅している民間企業で働いた者は、被告がいないから提訴自体ができない。同委員会は「強制動員が確認された日本企業」として内地で戦時労働者を使った１２５７社のリストを公表しているが、そのうち現存企業は約３００社だ。

韓国政府を相手に補償を求めて提訴した原告らは、消滅している約９５０社で働いた戦時労働者ではないだろうか。遺族会は現存企業で働いた会員には企業を訴えさせ、すでに消滅した企業で働いた会員には韓国政府を相手に提訴させていると見ると、一見矛盾したその行動が理解できる。

現存企業で働いた戦時労働者でも、当然のことだが、提訴した者しか判決に基づく補償を受け取ることはできない。ところが、支援組織側は、原告は代表だとして、全被害者に補償をすることを求めている。言い換えると、わずか数人の原告が日本円で数千万円を受け取って終わりにするつもりはなく、協議によって企業から莫大な資金を出資させて基金を作って原告にならなかった者らへも補償をさせようとしているのだ。それが実現すると弁護士らが受け取る報酬も莫大になるはずだ。

日本企業を相手にした裁判だけでは、彼らの望む補償は実現できないのだ。新日鐵住金裁判の確定判決に反対した２人の最高裁判事はそのことを正確に理解して、次のような少数意見を書いていた。

〈請求権協定によって個人請求権を行使できなくなってしまったことにより被害を受けた国民に、今でも国家は正当な補償を行うべきである。大韓民国がこのような被害国民に対して負う責任は法的責任であって、これを単なる人道的・恩恵的措置としてみることはできない。大韓民国は被害国民が訴訟を提起したかどうかにかかわらず正当な補償がなされるようにする責務があ（る）〉

訴訟を起こさなかった者も含めて、韓国政府が補償すべきだと言っているのだ。正論と言うべきだ。このように見てくると、日本企業が不当判決を認めず、原告らとの協議に応じないという毅然たる姿勢を貫けば、困るのは韓国の原告と支援者らであることが分かる。補償が不足しているなら韓国政府が行うべきなのだ。それ以外に方法はない。

だから、官民挙げて当該日本企業を守る体制を作り、補償はすべて終わっているという原則的立場を貫くべきなのだ。そうすれば、勝訴した原告らは差し押さえた株式などを現金に換えて自分たちに渡すよう求めるときがくる。それをしたら基金は作れなくなる。ここに彼らの弱点がある。

もちろん、それと並行して、国際社会に戦時労働と日韓戦後補償の真実を広く伝える広報に全力を尽くさなければならない。

そもそも朝鮮人の戦時動員は当時、日本国民だった者たちに対して合法的に行われたもので、契約に基づき日本人と同じ賃金も払われていた。決して強制連行や奴隷労働ではなかった。

韓国政府も1965年の日韓国交正常化時と2005年の協定再検証時の2回、その補償はすでに終わっていると認めて、その両方で補償を実施した。したがって、日本民間企業が補償を求められるという最高裁の確定判決は1965年以来の日韓外交関係の基礎を揺るがすものであり、日本としては絶対に容認できない。

韓国の学者や元外交官らの間と日本国内の一部に、まず日本が謝罪して人道という名目でカネを出すというこれまでこの種の問題で行ってきたやり方を、この問題でもとるべきだという意見がある。

日本の外務省周辺では、人道的立場から元徴用工を支援する財団や基金を作って、そこに日本からの請求権資金で恩恵を得た韓国企業と、朝鮮人戦時労働者らを使った日本企業に寄付をさせるというアイデアが数年前からささやかれていた。

朝日新聞2018年11月14日付に掲載された佐々江賢一郎元外務次官と朴晙雨《パク・チュヌ》元大統領首席秘書官の対談で、朴氏は朴槿恵《パククネ》政権初期の2013年に財団作りを日韓で検討していたと次のように語っている。

〈朴槿恵政権で私が大統領府にいるとき、この問題は大法院（最高裁）判決の前に何とかしなければと思っていました。その解決案の一つが、政府と企業が財団を作って強制労働被害者の補償にあたっているドイツでの方式です。じつは日韓でも、徴用工を働かせた日本企業、国交正常化の時の日本からの経済協力資金の恩恵を受けた韓国企業、そして韓国政府で財団を作って被害者を支援するという案の検討に入っていた。だが、13年12月に安倍晋三首相が靖国神社を参拝し動けなくなった。そういう不幸な事実があります。〉

日本国内のある勢力は、基金を作らせてその役員に自分たちの代表を送り込み、自分たちの偏った調査研究に基金から資金をつけさせようと企んでいるという情報もある。とんでもないことだ。絶対にそのような愚策を選んではならない。

ちなみに、中国人労務者に対しては基金方式で経済支援がなされている。しかし、第1章でも論じたが、朝鮮人と中国人の戦時動員は法的地位とそれにともなう戦後処理が根本的に違う。日本にとって当時、朝鮮人は自国民であったが、中国人は敵国捕虜などだった。戦後、中華民国も共産中国も賠償を放棄したが、韓国は動員された労働者への補償を政府がまとめて受け取った。だから中国人動員のケースは前例としてはならないと強調しておく。

## 請求権協定に基づく仲裁委員会の設置を

それでは、私たちは具体的には何ができるのか。私は、まず、1965年に結ばれた請求権協定に基づき民間企業を守る外交活動を展開せよと、早い段階から提言してきた。同協定の第3条を引用する。

〈第3条
1．この協定の解釈及び実施に関する両締約国の紛争は、まず、外交上の経路を通じて解決するものとする。
2．1の規定により解決することができなかった紛争は、いずれか一方の締約国の政府が他方の締約国の政府から紛争の仲裁を要請する公文を受領した日から三十日の期間内に各締約国政府が任命する各一人の仲裁委員と、こうして選定された二人の仲裁委員が当該期間の後の三十日の期間内に合意する第三の仲裁委員又は当該期間内にその二人の仲裁委員が合意する第三国の政府が指名する第三の仲裁委員との三人の仲裁委員からなる仲裁委員会に決定のため付託するものとする。ただし、第三の仲裁委員は、両締約国のうちいずれかの国民であってはならない。
3．いずれか一方の締約国の政府が当該期間内に仲裁委員を任命しなかったとき、又は第三の仲裁委員若しくは第三国について当該期間内に合意されなかったときは、仲裁委員会は、両締約国政府のそれぞれが三十日の期間内に選定する国の政府が指名する各一人の仲裁委員とそれらの政府が協議により決定する第三国の政府が指名する第三の仲裁委員をもって構成されるものとする。

4．両締約国政府は、この条の規定に基づく仲裁委員会の決定に服するものとする。〉

この条項は第1項にあるとおり、〈この協定の解釈及び実施に関する両締約国の紛争〉が起きたときの解決方法を定めたものだ。まさか53年経ってこの条項が使われるとは、当時は想定していなかっただろう。韓国が通常の国際法と法治が通じる国であれば、今起きているようなことは起こりえないと私も思う。しかし、現実に〈協定の解釈及び実施に関する両締約国の紛争〉が起きている。

その場合、第1項で定められているとおり、まず、両国は〈外交上の経路を通じて解決する〉ことが求められる。したがって、最高裁確定判決が出たら、当該企業の在韓財産差し押さえ手続きが始まる前に、政府は外交交渉を求めなければならなかった。そして、それが終わるまでは差し押さえを執行するなとする訴訟をすぐ企業が起こせるように支援すべきだった。日本政府は2019年1月9日、協定に基づく協議を申し入れた。

ところが、韓国政府は3月1日現在でも、その申し入れに回答をしていない。だから日本政府は、第2項に基づき仲裁委員会の設置を外交ルートで求めるべきだ。また、先述のとおり、差し押さえられた株式が現金化されたら、関税引き上げなどの対抗措置をとるべきだ。

第三の仲裁委員についてわが国としては当然、韓国の判決の不当性を主張する人物以外は絶対に承認してはならない。人選で、両国の意見が一致することはあり得ないだろう。その場合は、国際司法裁判所に提訴するしかない。

原告らは早く現金を手にしたいと代理人をせかすだろうが、代理人と支援者らはそれではわずか数千万円で終わってしまうから、なんとか和解をして多額のカネを取ろうと粘るだろう。彼らの中の矛盾が高まる。そのようなことが起きるように、緻密に準備しておく必要がある。

そして、国際社会に対して、戦時動員の実態と、国際法に反する韓国のやり方について、官民挙げて広報することだ。

## 韓国政府が認定した「日本戦犯企業リスト」

今後、約300社の日本企業を相手にした新たな訴訟が乱発する可能性が高い。すでに韓国の左派マスコミやネット上では「日本戦犯企業299社リスト」なるものが広く出回っているからだ。三菱、住友、三井をはじめ日立、日産、マツダ、パナソニック、森永製菓などが代表として上げられている。

調べてみると、リストは2種類存在する。

第一は、李明洙《イミョンス》国会議員が公開したリストだ。李議員は現在保守野党の自由韓国党所属だが、忠清道を地盤とする地方政党の先進統一党に所属していた時期に「日本戦犯企業299社リスト」を最初に公表している。問題の最高裁の差し戻し判決が出る1年前の2011年9月に「日本戦犯企業1次リスト136社」を公表し、続いて2012年2月に「2次リスト58社」を、同年5月の最高裁問題判決をはさみ、8月29日に「3次リスト105社」を公表し、合計299社を公開したと主張している。同議員は2009年、韓国の国産衛星アリラン3号の発射事業者として三菱重工が選定されたことなどを問題視し、「戦犯企業に韓国の公共事業入札を制限すべきだ」として議員立法まで準備していた。

同議員のリストは、重複や合併を反映していないなど整理不足が目立ち、実際は270社あまりしかない。備考に付けられている根拠資料はほとんどすべて日本の資料だ。日本人学者や活動家らがこの間繰り広げてきた、いわゆる「強制連行」調査運動に大きく依存したリストであることが分かる。

二つ目のリストは、李議員が3次リストを公開したのと同じ2012年8月29日に、政府機関が公表した「日帝強制動員現存企業299社リスト」だ。国務総理室傘下の「対日抗争期強制動員被害調査及び国外強制労働動員犠牲者等支援委員会」が、「強制連行の事実がある日本企業1

493社を調査した結果、299社が現存していると把握された。労働者の供託金関連文書や厚生年金台帳など日本の政府と企業が作成した強制動員に関する記録、新聞、研究資料、該当企業ホームページなどから確認した」（朝鮮日報2012年8月30日）という。

リスト公開にあたり、同委員会関係者は次のようにマスコミに語っている。「日本の戦犯企業は朝鮮人の強制連行を成長の足がかりとしたにもかかわらず、動員の事実さえも認めていない」（聯合通信8月29日）、「シーメンスなどドイツの戦犯企業は、強制連行した他国の被害者に謝罪と賠償を行ったが、日本の戦犯企業は強制連行の事実すら認めていない」（朝鮮日報2012年8月30日付）。これが韓国国家公務員の発言だから驚きを禁じ得ない。

こちらのリストは、同委員会が2016年6月に解散したせいか、見つけることができなかった。しかし、同委員会の調査をもとに韓国政府は2015年に戦時動員をテーマにした国立博物館「国立日帝強制動員歴史館」を作っており、その展示の中に同委員会が作成した「日帝強制動員現存企業」リストの企業実名が約4分のビデオで次々に映されるコーナーがあった。

私が会長をしている民間研究団体である「歴史認識問題研究会」は2018年7月、同館を訪問し展示内容の調査を行った。その調査の一部として4分の映像からリストを復元したのが、次の表だ。

## 表1「日帝強制動員現存企業」全275社

あ

●アイサワ工業
●愛知機械工業
●愛知製鋼
●愛知時計電機
●秋田海陸運送
●味の素
●東海運
●旭化成
●旭硝子
●アステック入江
●麻生セメント
●荒井建設

い

●飯野海運
●飯野港運
●池貝
●石田
●石原産業
●いすゞ自動車
●イビデン
●岩田地崎建設

う

●宇部興産
●宇部三菱セメント
●宇部マテリアル

お

●王子製紙
●大林組
●岡部鐵工所
●大阪ガス
●大阪機船
●大阪製鐵
●オーエム製作所
●オーエム紡機製作所

か

●鹿島建設
●春日鉱山
●片倉工業
●片山鋲螺工業
●金子組　未来図建設
●兼松日産農林
●神岡鉱業
●川崎運送
●川崎汽船
●川崎重工業
●関西汽船
●神崎組
●関東電化工業

き

●京三製作所
●協和発酵キリン

く

●日下部建設
●クラシエホールディングス

●熊谷組
●クラレ
●栗林商船
●栗本鐵工所
●黒崎播磨
●グンゼ

こ

●小池組
●神津製作所
●合同製鐵
●虹技
●鴻池組
●神戸製鋼所
●江若交通
●国産電機
●コマツ
●コマツNTC

さ

●相模組
●サクションガス
●佐藤工業
●佐野屋建設
●サワライズ
●三機工業
●山九
●三光汽船
●サンデン交通
●山陽特殊製鋼

し

●ジェイ・ワイテックス
●品川リフラクトリーズ
●清水運送
●清水建設
●ジャパンエナジー
●商船三井
●商船三井オーシャンエキスパート
●商船三井タンカー管理
●常磐興産
●昭和KDE
●昭和産業
●昭和鉄工
●昭和電工
●昭和飛行機工業
●信越化学工業
●新笠戸ドック
●新日本海重工業
●新日本製鐵
●新明和工業

す

●菅原建設
●鈴与
●住石ホールディングス
●住友大阪セメント
●住友化学
●住友金属小倉（新日鐵住金八幡製鉄所）
●住友金属工業（新日鐵住金）
●住友金属鉱山

●住友鋼管（日鉄住金鋼管）
●住友ゴム工業
●住友電気工業

せ

●セイサ
●セイタン
●銭高組

た

●第一中央汽船
●ダイキン工業
●大成建設
●ダイセル
●ダイゾー
●大同化学工業
●大同特殊鋼
●太平製作所
●太平洋興発
●太平洋セメント
●太洋日本汽船
●ダイワボウホールディングス
●田岡化学工業
●竹中工務店
●立飛企業
●龍田紡績
●田淵電機
●玉井商船
●丹野組

ち

●中越電気工業
●中央電気工業
●中外鉱業
●中国電力
●中国塗料

つ

●敦賀海陸運輸
●鶴見曹達

て

●テイカ
●帝国繊維
●帝国窯業
●鉄建建設
●電気化学工業

と

●土肥マリン観光
●東亜建設工業
●東海カーボン
●東海汽船
●東海ゴム工業
●東急車輌製造
●東京麻糸紡績
●東京ガス
●東京製鐵
●東京製鋼
●東芝
●東芝機械
●東邦亜鉛
●東邦ガス
●東洋鋼板
●東洋紡
●トクヤマ
●戸田建設
●栃木汽船

●トナミホールディングス
●トピー工業
●飛島建設

な

●ナイガイ
●直江津海陸運送
●中山製鋼所
●七尾海陸運送
●ナブテスコ
●名村造船所

に

●新潟造船
●西松建設
●ニチリン
●ニチロ
●ニッチツ
●日産化学工業
●日産自動車
●日新製鋼
●日鉄鉱業
●日本カーバイド工業
●日本カーボン
●日本碍子
●日本化学
●日本カタン
●日本乾溜工業
●日本高周波鋼業
●日本軽金属
●日本建鐵
●日本車輌製造
●日本重化学工業
●日本水産
●日本製鋼所
●日本製紙
●日本曹達
●日本鋳造
●日本通運
●日本鐵板
●日本ヒューム
●日本無線
●日本山村硝子
●日本郵船

の

●野上
●野村興産

は

●博多港運
●萩森興産
●函館どつく
●間組
●パナソニック
●阪神内燃機工業

ひ

●日立航空機
●日立製作所
●日立造船
●日之出郵船
●姫路合同貨物自動車
●平錦建設
●廣島ガス
●備後通運

ふ

●不二越
●富士重工業
●フジタ
●富士電機
●富士紡ホールディングス
●伏木海陸運送
●古河機械金属
●古河電気工業
●フルチュウ
ほ
●北越メタル
●北海道炭鉱汽船
●保土谷化学工業
ま
●マツダ

●松村組
●馬淵建設
●マルハニチロ水産
み
●ミクニ
●三井化学
●三井金属鉱業
●三井住友建設
●三井造船
●三井農林
●三井松島産業
●三菱化学
●三菱商事
●三菱重工業
●三菱伸銅
●三菱製鋼

●三菱倉庫
●三菱電機
●三菱マテリアル
●ミネベア
●宮地サルベージ
●明星セメント
む
●向島ドック
め
●明治海運
も
●門司港運
●森永製菓
や
●矢野鉄工所
●矢橋工業

●山文油化
●ヤンマー
よ
●ヨータイ
●横浜ゴム
●吉澤石灰工業
●淀川製鋼所
●吉年
ら
●ラサ工業
り
●リーガルコーポレーション
●リコーエレメックス
●りんかい日産建設
●燐化学工業

●リンコーコーポレーション

わ

●和光堂

英字

●DOWAホールディングス

●Hitz日立造船

●JFEエンジニアリング

●JFEスチール

●JFEミネラル

●JRグループ

●NSユナイテッド海運

●SECカーボン

※日立造船とHitz日立造船は同一会社。
※黒崎播磨は映像にて2回登場した。
※映像では「片山浜螺工業」「飛鳥建」と表示されていたが、誤記と判断して表では正しい社名に直した。
※住友鋼管、鶴見曹達など合併や社名変更で現存しない旧社名は原則としてそのまま掲載した。

ビデオ画面には「日帝強制動員現存企業」という題がつけられていた。画面の下には次のような韓国語の説明展示があった。ちなみに同館の展示は韓国語と英語だけで日本語はない。拙訳で紹介する。

〈委員会は日帝強占期強制動員に関与した日本企業のうち現存する企業合計299の名簿を公開した。この名簿は当時、朝鮮人を強制動員した日本企業1500余カ所を対象に、日本政府と該

当企業が作成した資料、300余りの研究書などを分析した結果だ。名簿確定作業は継続して進行中だ。〉

説明では299社とされていたが、実際は275社しかなかった。

リストのすぐ横には、次のように日本企業を糾弾する展示があった。そこでは、これらの日本企業が大企業に成長できたのは韓国人動員者らを収奪したからだと説明していた。

〈隠れた加害者、強制動員現存企業

強制動員加害勢力には日本国家権力だけでなく、日本企業も座を占めている。彼らは企業の利得をせしめるため日本国家権力以上に人力収奪に乗り出した。中小企業水準だった日本企業は人力と原資材確保、賃金統制、安定的な納品の確保、インフラ提供など当局が提供してくれた条件を活用して莫大な利得をせしめ大企業として成長した。該当企業の成長と発展の礎石はまさに強制動員された朝鮮人の血と汗だった。これらの企業は日本政府と軍部の庇護の下で強圧的に労働力を搾取し、未成年者を略取するなど不法行為をほしいままにしながら、労働災害に対する最小限の義務も履行しなかった。〉

## 誤解へと誘導する歴史館

同館の戦時動員に関する展示の大きな問題の一つは、リストのすぐ前の展示だ。そこには「韓日会談と請求権協定の締結」と「請求権協定の性格」という題の二つの説明展示があった。

〈韓日会談と請求権協定の締結

解放後、政府を樹立した大韓民国と敗戦後米軍政から抜け出し始めた日本は１９５１年末から国交正常化および戦後補償問題を論議するため韓日会談を始めた。紆余曲折の末に１９６５年国交正常化のための韓日基本条約とその付属協定の一つとして請求権協定が締結され、請求権協定によって日本は大韓民国に10年間で３億ドルを提供し借款２億ドルを提供することにした。日本から提供された請求権資金は製鉄所や高速道路建設など経済発展分野に優先的に投資され、一部分は１９７５年以後、時限的に制定された対日民間請求権補償に関する法律によって日帝強占期強制動員で死亡した被害者遺族に支給された。しかし、Ａ　韓日会談過程で日本軍「慰安婦」問題など反人道的強制動員被害者の問題はまともに扱われなかったことが、関連文書で明らかになった。〉（傍線とアルファベットは西岡・以下同）

〈請求権協定の性格

B　2005年わが国政府が開催した韓日会談文書公開後続対策関連民官共同委員会は、日本国家権力が関与した反人道的不法行為は請求権協定で解決されたと見ることはできず日本政府の法的責任は残っている、という公式意見を表明した。

C　また、2012年わが国最高裁は、請求権協定は連合国主導の1951年「サンフランシスコ講和条約」を根拠とし韓日両国間の財政的・民事的債権関係を政治的合意によって解決するためのもので、請求権協定に従って日本政府が支給した経済協力資金は、日帝強制動員によるわが国民の権利問題解決と法的代価関係にない、という判決を宣告した。

しかし、日本政府がわが国民の日本に対する賠償請求権はすべて1965年請求権協定の文句に従い〈完全かつ最終的に〉解決されたという立場を取っていることにより、今日まで日本に対する強制動員被害者の個人請求権問題をめぐって訴訟と外交的摩擦が終わらずに続いている。〉

傍線部分のA、B、Cを読む韓国人見学者らは、日本政府の〈完全かつ最終的に〉解決されたという立場をけしからんと思うはずだ。そのように誘導する反日展示だ。

特に同館には小学生から中高生が多数、団体で見学に来ているから、日本統治時代や日韓協定締結の時代を知らない若い世代に一種の反日洗脳教育をしているといったら言いすぎだろうか。

ここで、この説明には決定的な事実が欠落しており、そのため真実が分からなくされていると指摘したい。

A部分では、〈韓日会談過程で日本軍「慰安婦」問題など反人道的強制動員被害者の問題はまともに扱われなかった〉とされているが、慰安婦と労働動員者は扱いが完全に異なっていた。その事実がこの説明では欠落している。

韓日会談の主要議題の一つは「被徴用韓人未収金」「戦争による被徴用者の被害に対する補償」「韓国人の対日本人又は法人請求」だった。つまり労働動員者への補償は主要議題とされていた。日本側はこれらについて根拠のあるものは支払う準備があるが、請求権を持つ個人に日本が直接払いたいと提案した。ところが韓国側がこれらを含むすべての請求権に関わる資金は韓国政府に一括して払ってほしいと要求したから、最終的に無償3億ドルが韓国政府に支払われたのだ。

B部分では、共同委員会が〈日本国家権力が関与した反人道的不法行為〉として認定したのは慰安婦であって、労働動員は含まれていなかったという事実が欠落している。

そのうえ、第6章で詳しく書くが、民官共同委員会はむしろ労働動員の補償については65年の協定の請求権資金に含まれるという見方を示していた。そのことは2015年8月に出された民官共同委員会の結論の中に次のように明記されている。

〈請求権協定を通じて日本から受け取った無償3億ドルは個人財産権（保険・預金等）、朝鮮総督府の対日債権等韓国政府が国家として有する請求権、強制動員被害補償問題解決の性格の資金等が包括的に勘案されているとみるべきである。〉

これを欠落させていては、真実は分からない。

C部分では、2012年最高裁判決は差し戻し判決であって確定判決ではないという重要な事実が欠落している。

日本外務省は、韓国が国立博物館「国立日帝強制動員歴史館」で行っている度を越した反日宣伝に対して外交ルートを通じて抗議すべきだ。同館で見逃せないのは、わが国の現職の総理大臣である安倍晋三氏をはじめとする政治家、外交官、財界人の顔写真と実名を出して、日本の統治を正当化している悪い日本人として紹介する展示だ。

安倍晋三総理をはじめとする11人の日本人政治家、外交官、財界人が顔写真付きで批判されているのだ。「止まらない妄言」と題する展示コーナーにはめ込まれたビデオの中で悪い日本人の代表のような形で、実名と顔写真、そしてその発言が1人約10秒ずつの映像で繰り返し流されていた。

映像では最初に「日本はアジア解放のために努力した。だから韓日強制併合は合意によって締結された。」という文章が流れた後、椎名悦三郎（外務大臣）、佐藤栄作（内閣総理大臣）、藤尾正行

（文部大臣）、石原慎太郎（日本維新の会共同代表）が1人ずつ約10秒間、その発言字幕と共に登場する。なおカッコ内の肩書きは展示のママだ。

二番目に「朝鮮侵略は正当だった。朝鮮を発展させるのに大きな役割を果たした？」という文章の後に、久保田貫一郎（1953年韓日会談日本代表）、高杉晋一（1965年韓日会談日本代表）、櫻田武（日本経済団体連合会名誉会長）がやはり1人10秒ずつ発言字幕と共に登場する。

最後に「慰安婦はいなかった。韓国女性はもともと公娼だった？」という文章が出た後、橋下徹（日本大阪市市長・日本維新の会共同代表）、西村眞吾（日本衆議院議員）、奥野誠亮（法務大臣）、安倍晋三（日本総理）の順で顔写真がやはり10秒ずつ出てくる。

安倍総理の顔写真と共に映される字幕は、

〈「韓国にキーセンハウスがあったということは慰安婦活動が生活の中に溶け込んでいたのではないかと思われるし、基本条約を結ぶときひと言も言わなかったことは疑問だ」――「日本の前途と歴史教育を考える若手議員の会」1997年〉だ。20年以上前の総理の発言をわざわざ探し出して、前後の文脈を示さないまま展示し、見学者に悪印象を与え続けている。悪意を感じる反日展示だ。

映像の横には次のような説明文がついている。

「日帝の無慈悲な人的・物質的収奪と暴力的な植民地支配は数多くの歴史的資料と被害者の証言

を通じて確認されているが、日本社会の一角では絶え間なく歴史を歪曲し真実に目をそむける妄言が繰り返されている。」

韓国の国立博物館は、安倍総理らを「歴史を歪曲し真実に目をそむける」悪い日本人だとして展示しているのだ。これが友好国の態度と言えようか。外交ルートで抗議がなされて然るべきだ。

韓国はすでに国立博物館を作って、戦時労働動員に関する日本企業の補償責任は残っているという国家次元の宣伝を行っている。その上に立って、最高裁が新日鐵住金と三菱重工敗訴の確定判決を出した。

「戦時動員は強制連行ではない」「戦後補償は請求権協定で終わっている」という国際広報を官民が協力して行わなければならない。それなしには、国際的誤解が広がり、第二の慰安婦問題となりかねない。次章からは、国際広報で何を伝えるべきかを論じよう。

# 第6章　韓国政府による個人補償の実態

## 請求権協定ですべては決着

国際広報の柱は二つある。第一は、韓国のやり方が国際法に反していることと、戦時労働動員の歴史の真実を、官民挙げて国際社会に広報していくことが必要だ。まず、この第6章では、国際法に関する部分について取り上げる。第7章以下で、歴史の真実について書く。

ここでは、韓国政府による個人補償の実態について詳しく報告する。すでに本書でも何回か書いたが、韓国政府はこの間、2回にわたって戦時労働者らに自国の国家予算から補償を実施してきた。それを資料に基づいてきちんと整理して広報すべきだ。まず、1965年の請求権協定で何が決められ、わが国がそれに従って何をしたかをきちんと広報することだ。

先にも書いたが、同協定により日本政府は無償資金3億ドル、有償資金（低利の融資）2億ドルを提供した。1965年当時の日本の外貨準備高はわずか20億ドルだった。そこから5億ドルを10年分割で払ったのだ。その支払いをもって両国は戦時労働者への補償を含むすべての過去の清算が〈完全かつ最終的に解決された〉と宣言した。

協定の第2条第1項を引用しよう。

〈第二条　1．両締約国は、両締約国及びその国民（法人を含む。）の財産、権利及び利益並びに両締約国及びその国民の間の請求権に関する問題が、千九百五十一年九月八日にサンフランシスコ市で署名された日本国との平和条約第四条（a）に規定されたものを含めて、完全かつ最終的に解決されたこととなることを確認する。〉

さらには、後日協定の解釈について齟齬《そご》が生まれないように公表された「日韓請求権並びに経済協力協定、合意議事録」には次のように明記されている。

〈（略）完全かつ最終的に解決されたこととなる両国及びその国民の財産、権利及び利益並びに両国及びその国民の間の請求権に関する問題には、日韓会談において韓国側から提出された「対日請求要綱」（いわゆる8項目）の範囲に属するすべての請求が含まれており、したがって、同対

日請求要綱に関しては、いかなる主張もなしえないこととなることが確認された。〉

ここで言われている「対日請求要綱」（いわゆる8項目）とは、1951年、韓国李承晩政権が日本に求めた補償金や請求権のリストである。これは『請求権資金白書』にその全文が掲載されている。

日本側資料にあるものと若干の違いがあるので、ここでは韓国側資料を使う。そこでは〔1〕から〔8〕の大項目が立てられ、その下に韓国語のアイウエオ順にあたるカナタラ順の小項目がおかれている。この中で徴用工に関するものは〔5〕だけだ。

そこで〔5〕以外は大項目だけを引用し、〔5〕は小項目を含めて全文引用する。なお、傍線は西岡が引いた。

〔1〕朝鮮銀行を通じて搬出された地金と地銀の返還請求
〔2〕1945年8月9日現在の日本政府の対朝鮮総督府債務の弁済請求
〔3〕1945年8月9日以降韓国から振替又は送金された金品の返還請求
〔4〕1945年8月9日現在韓国に本社、本店又は主たる事務所があった法人の在日財産の返還請求
〔5〕韓国法人又は韓国自然人の日本国又は日本国民に対する日本国債、公債、日本銀行券、被

徴用韓人の未収金、補償金及びその他の請求権の弁済請求
（カ）日本有価証券
（ナ）日本系通貨
（タ）被徴用韓人の未収金
（ラ）戦争による被徴用者の被害に対する補償
（マ）韓国人の対日本政府請求恩給関係その他
（パ）韓国人の対日本人又は法人請求
〔6〕韓国人（自然人及び法人）の日本政府又は日本人（自然人及び法人）に対する個別的な権利の行使に関する原則
〔7〕前記諸財産又は請求権から発生する諸果実の返還請求
〔8〕前記の返還及び決済の開始及び終了時期に関する項目

ここに見るとおり、韓国政府は日韓国交交渉において〔5〕の（タ）被徴用韓人の未収金、（ラ）戦争による被徴用者の被害に対する補償、（マ）韓国人の対日本政府請求恩給関係その他、（パ）韓国人の対日本人又は法人請求を請求していた。なお、日韓交渉で韓国は「徴用」を「募集」と「官斡旋」を含む「戦時労働」全体の意味で用いていた。

そして請求権協定によりこれらを含むすべてが〈完全かつ最終的に解決されたこととなることを確認〉した。そのうえ、「協定についての合意された議事録」でこれらについても〈いかなる主張をもなしえないこととなることが確認された〉のだ。

**韓国政府が進めた個人補償**

韓国政府は日本から受け取った資金を使って民間人への補償を実施した。『請求権資金白書』に次のように明記されている。

〈2 民間人に対する補償

対日請求権資金の導入が確定された後、すぐ民間人に補償を実施することが望ましいことだったが、政府の財政事情と請求権資金が10年間にわたって分割導入されるという点を考慮して、その導入が完了する1975年度に補償を実施することになったのだが、当時、経済開発計画を急いでいた政府としては、この資金による各産業の均衡された開発を通じて国民所得を向上させることが何よりも急がれる課題であったので、その間、民間人に対する補償問題を先延ばししてきたのだ。しかし、政府は対日民間請求権補償問題を解決するために請求権資金の導入の終わりの年度より前である1971年5月から1972年3月の間にかけて対日民間請求権の申告を公告し、これを受け付けて、1974年12月21日付けで民間人に対する補償対象、方法、手続きなどを規定する「対日民間請求権補償に関する法律」を制定公布する一方、その施行のための細部手続きを規定する「同法施行令」を1975年4月1日付けで制定公布し、1975年7月から民間補償を実施しており、1977年6月30日まで継続して実施することになっている〉

傍線部分を見てほしい。当時の韓国は毎年、農村で種籾まで食べてしまうような春窮があるほど貧しかった。戦時労働者らに日本からの資金を配ってしまえばそれが貧しさの中で生活のために消費されて終わりになる。日本統治の被害を受けたとするならそれは全国民が受けたものだから、〈各産業の均衡された開発を通じた国民所得〉、つまり全国民が豊かになるための生産財に日本からの資金を投資することを優先したのだ。第3章で見たように、朴正熙政権は請求権資金の使途に関する基準の第1に〈すべての国民が利益を均等に受ける〉を掲げて、経済開発に取り組み、世界が奇跡と称賛した高度経済成長を実現させた。まさに、まっとうな政策判断だと言える。

そして、国民所得の向上がある程度実現した後、個人補償を実施した。補償は大きく分けて財産関係清算と死亡者遺族への補償の2種類があった。

財産関係では、預貯金、国債、保険料、年金などがあった。これらは8項目要求の中の〈(マ)韓国人の対日本政府請求恩給関係その他、(パ)韓国人の対日本人又は法人請求〉になる。

それらと並んで「1945年8月15日から1947年8月14日まで日本から帰国した大韓民国国民が帰国時に日本政府機関に寄託した寄託金」も財産関係補償の対象として挙げられていた。終戦と引き揚げの混乱の中、8月分の給料や退職金などの支払いが出来なかったケースが多くあり、共産党の指導を受けていた朝鮮人連盟なり組織が企業に乗り込んできてそれを強圧的に受け取っていく事例が頻発した。それに対して、日本政府が企業に供託金として預けておくように指導した。これが8項目の中の〈(タ) 被徴用韓国人の未収金〉にあたる。

一方、〈(ラ) 戦争による被徴用者の被害に対する補償〉にあたるのが、死亡者遺族への補償だった。「日本国によって軍人、軍属または労務者として召集また徴用され、1945年8月15日以前に死亡した者」の遺族に1人当たり30万ウォンが払われた。

1977年6月30日までに合計8万3519件に対して合計91億8769万3000ウォンの補償金を払った。これは3億ドルの約9・7%にあたる。そのうち未収金や貯金など財産関係清算が7万4967件、66億2209万3000ウォンだった。日本円1円を韓国ウォン30ウォンと計算した。動員時死亡者に対する補償金は8552人、1人当たり30万ウォンずつ合計25億6560万ウォンだった。負傷者や生還者への補償はなかった。

ただ、今回問題となっている戦時労働者の場合は、預金があったり未払い賃金の寄託があった場合、金額に基づき清算できた。事故などで死亡した者は1人当たり30万ウォンの補償を受けたが、負傷した者はもらえなかった。また、ケガもせず無事帰国した者は、補償は出なかった。契約に基づく民間企業での賃労働という戦時労働者の実態を韓国政府もよく理解していたから、このような補償となったのだろう。一方、独立運動参加者とその子孫への支援も実施された。

## 「民官」共同の委員会

2度目の個人補償は盧武鉉政権によってなされた。盧武鉉政権は2005年、韓国外務省の反対を押し切って日韓国交交渉の外交文書を公開した。そのとき「韓日会談文書公開の後続対策に関連する民官共同委員会」（民官共同委員会）が組織された。

委員会名が「官民共同委員会」ではなく「民官共同委員会」とされているが、委員の構成を見てもこのような重大な外交案件を扱う委員会なのに、左派弁護士や運動家を含む民間人が多数を占めている。

委員長も「共同委員長」として民から左派弁護士で後に最高裁長官となった李《イ》容勲《ヨンフン》、官から李《イ》海瓚《ヘチャン》国務総理（2019年1月現在、文在寅政権の与党・ともに民主党代表）が選ばれた。

政府委員は9人。この中に大統領民情首席秘書官だった文在寅（現大統領）が含まれていたことは注目に値する。それ以外は長官クラスの以下の8人、すなわち財政経済部、外交通商部、行政自治部、法務部、保健福祉部の各長官、企画予算処長官、国家報勳処長、国務調整室長だった。

一方、民間委員は10人で政府委員より1人多かった。弁護士、学者、外交官、神父、言論人、財界人などと並んで左派運動団体「参与連帯」の運営委員長孫赫載《ソンヒョクジェ》が入っていることも目を引く。文在寅も加わり、左派系民間人も多数加わっていた同委員会は2005年8月26日、「65年韓日請求権協定の効力範囲問題」に関する委員会の結論を文書で公表した。そこで慰安婦については、〈請求権協定により解決されたものとみることはできず、日本政府の法的責任が残っている〉という日本からすると納得しがたい立場を表明した。

戦時労働者の補償については、日本から受け取った無償3億ドルに含まれると明確に書いた。そのうえで〈75年の韓国政府の補償当時強制動員負傷者を補償対象から除外するなど、道義的次元からみて被害者補償が不充分だった〉と自国政府の補償の不備を認め、〈政府支援対策を講じること〉を決めた。

この盧武鉉政権の決定は重要なポイントだから、2005年8月に民官共同委員会が公表した文書の関連部分を拙訳で引用する。

〈また、委員会は、韓日協定交渉当時韓国政府が日本政府に対して要求した強制動員被害補償の性格、無償資金の性格、75年韓国政府補償の適正性問題等を検討し、次のように整理した。

韓日交渉の当時、韓国政府は日本政府が強制動員の法的賠償・補償を認めなかったことにより、「苦痛を受けた歴史的被害事実」に根拠して政治的次元で補償を要求し、このような要求が両国間の無償資金算定に反映されたとみなければならない。

請求権協定を通じて日本から受け取った無償3億ドルは個人財産権（保険・預金等）、朝鮮総督府の対日債権等、韓国政府が国家として持つ請求権、強制動員被害補償問題解決の性格の資金等が包括的に勘案されているとみるべきものだ。

請求権協定は請求権の各項目別に金額を決定したのではなくて、政治交渉を通じて総額決定方式で妥結したため、各項目別の受領金額を推定するのは困難だが、政府は受領した無償資金中の相当金額を強制動員被害者の救済に使用すべき道義的責任があると判断される。

［韓国政府が61年6次会談時に8項目の補償として日本に要求した総額12億2000万ドル中、強制動員被害補償として3億6000万ドル（約30％）と算定したことがある］

しかし、75年の我が国政府の補償当時、強制動員負傷者を補償対象から除外する等、道義的次元から見るとき被害者補償が不充分だったと見られる側面がある。

政府はこのような委員会の議論結果をもとに、長期にわたって苦痛を受けてきた強制動員被害者の痛みを治癒するため、道義的・援護的次元と国民統合の側面から、政府支援対策を講じることにした。

強制動員被害者らに対し追加的支援対策を講じ、強制動員期間中の未払賃金等の未収金についても、日本から根拠資料を確保する努力をする等、政府が具体対策を講じる。

併せて、政府は日帝強制動員犠牲者に対する追悼及び後世に対する歴史教育のための追悼空間を造成する方案も検討〉

この決定の1年前の2004年、「日帝強制占領下強制動員被害真相究明等に関する特別法」が施行され、韓国政府は、軍人・軍属、労働者、慰安婦の認定作業を始めていた。そして2010年に民官共同委員会の決定に従い、「対日抗争期強制動員被害調査及び国外強制動員犠牲者等支援に関する特別法」ができた。同法に従い、「対日抗争期強制動員被害調査及び国外強制動員犠牲者等支援委員会」が「動員被害者」らとその遺族への慰労金を支給し、「未収金」を清算した。

慰労金としては、死亡者または行方不明者1人当たり2000万ウォン、負傷による障害者にその障害の程度に応じて最高2000万ウォンから最低300万ウォンを本人か遺族に支給した。また、国外からの生還者のうち生存者には本人に限って医療支援金年80万ウォンを支給、未収金がある者には当時の1円を2000ウォンに換算して支援金を支給した。

同委員会は2008年から2015年12月までに総計11万2556件の申請を受理し、審査の結果7万2631人に合計約6200億ウォンの慰労金・支援金を支給した。支給率は64・55％だった。

死亡者の慰労金申請は2万0681件あり、1万7880件（86・5％）が認められた。負傷障害者は申請3万3278件のうち1万3993件（42・0％）が認められた。未収金は申請3万3329件のうち1万6228件が認められた。日本から提供された供託関係資料などで被害事実が認定されなければ支給されなかったので、申請が多数棄却されたという。

医療支援金は申請の時点で生きていた被害者に限って認定した。申請2万5268件のうち2万4530件（97・1％）が認められた。

以上の数字は同委員会が2016年6月に発行した「委員会活動結果報告」によった。

現大統領の文在寅も委員として参加していた韓国政府の委員会も、徴用工への補償は請求権協定で終わっていると認めていたことを内外に広く広報するべきだ。

韓国の実証主義にたつ経済史学者も、今回の最高裁判決によって朝鮮人戦時労働者は、1回の労働の代価として、当時日本企業から給与を得、朴正熙政権時代に補償を得、盧武鉉政権時代に再度補償を得、今回判決によって4回目の代価を得ることになってしまうと、最高裁判決を批判している（李宇衍「作られた近現代史、日帝時代「強制徴用」という神話」・韓国保守のネットニュース「メディア・ウォッチ」サイト2018年11月25日アップ）。

言うべきことは言うという姿勢が日本外交になかったから、今回のようなおかしな確定判決が出てしまうのだ。

韓国に対しては礼儀を尽くした批判を繰り返し行うしかない。

また、官民が協力して国際社会に対して、朝鮮人戦時労働者の歴史と日韓の戦後処理の真実を伝えることに全力を尽くさなければならない。

すなわち、日韓の一部勢力が主張する「強制連行」「奴隷労働」は事実無根だということ、戦後、日韓両国は知恵を絞って戦後補償を完結させ、良好な外交関係を築いてきたことを、国際社会に伝えることだ。

そのためには研究と広報の拠点となるしっかりとした財団か研究所を作らなければならない。足下に火がついている新日鐵住金、三菱重工、不二越などの民間企業もそこに資金を出し、自社と日本のゆずれない利益を守るべきだとここでも強調したい。

# 第7章　戦時労働の実態1　統計から見た真実

本章からは、戦時労働の歴史的な実態を論じたい。それが日本がなすべき国際広報の二つ目の柱だ。

## 「強制連行」ではなく「戦時動員」

最初に、いわゆる「朝鮮人強制連行」説の誤りについて議論する。

いまだに戦前の日本の悪業として「朝鮮人強制連行」が内外でしばしば取り上げられている。たとえば、故人ではあるが、一時期政界を牛耳っていた野中広務自民党元幹事長は韓国・朝鮮への過去の清算の必要性を強調するなかで、戦争中、自宅近くで「強制連行」された朝鮮人労働者がひどい待遇を受けていたと口癖のように語っていた。しかし、その労働者は家族持ちで子供がいたとも語っている。語るに落ちるとはこのことで、「強制連行」されたのなら当然、家族と離ればなれになっているはずだ。

その時代に生きていたからといって、出来事の本質が理解できるとは限らない。そこでまず、いわゆる「強制連行」説がどのようなものであったのかについて見ておきたい。

制度的に言うと、いわゆる「朝鮮人強制連行」とは、1939年に「国家総動員法」に基づいて作られた「朝鮮人内地移送計画」によって、朝鮮人労働者が朝鮮から日本内地（樺太と南洋を含む）に移送されたことをさす。その動員が「強制連行」であり、働かされ方が「奴隷労働」だったという一方的な主張だ。あるいはそれに、軍人・軍属としての動員をも加えて考えられる場合もある。

当時は「強制連行」という言葉はなかった。それどころか、実態は「強制連行」という語の意味することと大きくかけ離れている。本書で詳しく論証するように「強制連行」という語の使用は誤りだ。そこでここでは「戦時動員」と呼ぶ。

第6章で見たように、反日政策を強く進めた李承晩政権が過去の清算要求を網羅的にまとめた「対日請求要綱」のなかでも、「強制連行」という語は使われていない。ただ、〈被徴用韓人の未収金〉〈戦争による被徴用者の被害に対する補償〉という表現があるだけだ。

強調しておきたいことは、今、一部の日本人、韓国人が信じさせられているように、奴隷狩りのような労働者狩りがあり、タコ部屋的なところで奴隷のように酷使されたなどとは、反日政策を掲げた李承晩政権は主張していないということだ。ここに歴史の真実に迫る鍵がある。

## 戦時動員開始以前の在日朝鮮人は80万人

「朝鮮人内地移送計画」については、森田芳夫の実証的な研究がある。森田は法務省と外務省の事務官として在日朝鮮人に関する実証的な調査研究にあたり、公式統計を駆使した重要な研究を発表している。それらは政治的な立場を超えて現在までも多くの研究者らの必読文献となっている。

1992年に故人となり、その研究業績の多くは雑誌論文という形だけで残されていたが、1996年に3本の論文が在日朝鮮人研究者である金英達氏の編集により単行本『数字が語る在日韓国・朝鮮人の歴史』（明石書店・以下『数字』とする）として出版された。

本章では主として同書に引用されている公式統計を使い戦時動員の実態に迫る。

「朝鮮人内地移送計画」が立てられた1939年に話を戻そう。1910年の日韓併合以来29年目であった前年の1938年末に、日本内地の朝鮮人人口は表2（次ページ）のとおり80万人となっていた（内務省統計）。なお、ここから本文中の統計数字は、読者が理解しやすいように、主として概数のみとし、「約」という字も付けない。正確な数字は表を見てほしい。

表２　在日朝鮮人人口の推移　1911～1960年７月　単位：人

| | | | | | |
|---|---|---|---|---|---|
| 1911 | 2,527 | 1926 | 143,798 | 1940 | 1,190,444 |
| 1912 | 3,171 | 1927 | 165,286 | | (1,241,178) |
| 1913 | 3,635 | 1928 | 238,102 | 1941 | 1,469,230 |
| 1914 | 3,542 | 1929 | 275,206 | 1942 | 1,625,054 |
| 1915 | 3,917 | 1930 | 298,091 | 1943 | 1,882,456 |
| 1916 | 5,624 | | (418,989) | 1944 | 1,936,843 |
| 1917 | 14,502 | 1931 | 311,247 | — | — |
| 1918 | 22,411 | 1932 | 390,543 | 1953 | 556,090 |
| 1919 | 26,605 | 1933 | 456,217 | 1954 | 564,849 |
| 1920 | 30,189 | 1934 | 537,695 | 1955 | 577,682 |
| | (40,755) | 1935 | 625,678 | 1956 | 586,646 |
| 1921 | 38,651 | 1936 | 690,501 | 1957 | 601,769 |
| 1922 | 59,722 | 1937 | 735,689 | 1958 | 611,085 |
| 1923 | 80,415 | 1938 | 799,878 | 1959 | 618,840 |
| 1924 | 118,152 | 1939 | 961,591 | 1960 | 596,755 |
| 1925 | 129,870 | | | | |

森田芳夫『数字が語る在日韓国・朝鮮人の歴史』33ページの表を加工。1911～44年は内務省統計による。53～60年は外国人登録による。(　) は国勢調査統計による。1954年、56年、59年は９月末の数値（年末ではないのは登録の大量切り替え時にあたるため)。60年は７月末の数値。1945～52年は、国勢調査、外国人登録の統計があるが、不正確なので記載しない。

戦時動員開始前の時点ですでに戦後も日本に残留した54万人を20万人以上も上回る在日朝鮮人が日本に住んでいたことは、後述の議論のために記憶に残しておいてほしい。

ちなみに、併合の前年である1909年末の在日朝鮮人人口は790人程度に過ぎなかったが、表2にあるように併合10年後の1920年には3万人、さらに10年後の1930年には30万人と急増していった。

それでは、1945年8月には、在日朝鮮人人口は何人だったのか。正確な統計は存在しない。森田は次のように推計している。

〈昭和19年末の一般朝鮮人人口1911万1409名（樺太除く）であり、20年に入ってから空襲のため朝鮮への疎開多く、5月までの統計では内地への渡航者より帰還者の方が1万余多い、それ以後は連絡船もと絶えており、自然増加を考慮に入れて軍人数を加えて終戦時2百万前後であった〉（『数字』157ページ）。

戦時動員が始まる前年の1938年末にすでに80万人の朝鮮人が日本に渡ってきていた。そして、1945年8月にその数は200万人に増えた。となると、その差120万人が戦時動員によって日本内地に連れてこられた人口だといえるのか。

結論から言うと、それは大きな間違いだ。終戦当時、動員現場にいた朝鮮人労務者は32万人だった（厚生省統計。正確には32万２８９０人。『数字』68ページ）。

表３（次ページ）のように、動員労務者統計に含まれない朝鮮人の軍人・軍属が終戦時に内地に11万人いた。これを合わせると43万人となり、終戦時の在日朝鮮人人口２００万人のうち22％、戦時動員期間の増加分１２０万人の36％となる（図１・図２・次ページ）。

## 8割は自らの意思で出稼ぎに

これはいったい、何を意味するのか。終戦時の在日朝鮮人人口２００万人のうち8割は、自らの意思で日本に渡ってきた出稼ぎ移住ということだ。

「強制連行」とは意思に反して連れてくるということだが、終戦時の在日朝鮮人人口のうち8割は戦時動員とは関係なく、自分から進んで日本に渡航してきた者とその子らだった。

また、１９３９年から１９４５年8月の戦時動員の期間中にも多数の朝鮮人が日本に渡航し、また、動員により渡航したあと、動員現場を離れて自分の意思で日本での生活を続けていたということだ。

「強制連行」という言葉に惑わされて、これまで歴史の真実があまりにも分かっていなかった。この数字の意味するところを理解するためには、まず、戦時動員が始まる前の朝鮮人の日本渡航

表3　終戦時の内地朝鮮人軍人・軍属　単位：人

| | | |
|---|---|---|
| 陸軍 | 軍人 | 41,448 |
| | 軍属 | 19,232 |
| 海軍 | 軍人 | 7,485 |
| | 軍属 | 44,553 |
| | 合計 | 112,718 |

引揚援護庁調査による。森田芳夫『数字が語る在日韓国・朝鮮人の歴史』175ページの表を加工。

図1　終戦時の内地朝鮮人

| 戦時動員 | 出稼ぎ移住 |
|---|---|
| 43万人 | 157万人 |
| 22% | 78% |
| 200万人 | |

図2　戦時動員時期の内地朝鮮人の人口増加分

| 戦時動員 | 出稼ぎ移住 |
|---|---|
| 43万人 | 77万人 |
| 36% | 64% |
| 120万人 | |

の実態を理解しておかなければならない。

植民地統治時代の35年間、とくに、1921年からの終戦までの24年間は、朝鮮半島から日本内地へ大量の移住が行われた。1923年9月、関東大震災で流言蜚語《りゅうげんひご》により在日朝鮮人が自警団の手により殺される痛ましい事件があったが、在日朝鮮人人口は前年の1922年6万人、大震災の年の1923年8万人、翌1924年には12万人と急増を続け、朝鮮からの人口流入は止まっていない。

この移住の大部分は、出稼ぎ的労働者とその家族であった。森田が『数字』で次のように書いている とおりだ。

〈朝鮮人の日本移住は、一般の海外移民のように、一家をあげて指定された移住先に定着するというのではなく、出稼的労務者として、日本内地に渡航し、職や住所を転々としつつ漸次生活の地盤を開拓し、その家族をよびよせたのであり、かつ、たえず朝鮮の故郷の地と往復していた。そのため、統計の上には、毎年渡航数に近い帰還数が見られた〉(『数字』65ページ)。

じつは、この出稼ぎ移住は戦時動員の時期にも止まらず、かえって急増するのだ。そのことを理解するためにも、戦時動員前に朝鮮から内地への出稼ぎ移住の大きな人の流れがあったことを確認しておく。

## 植民地時代、人口が急増した朝鮮

巨大な出稼ぎ移住がなぜ起きたのか。その原因は次の三つである。

第一に、植民地統治時代、人口が飛躍的に増加したことだ。朝鮮人人口は統治の開始された1910年の1300万人が、終戦時には2900万人以上まで達していた。朝鮮内に2500万人がいて、在日本200万人、在満州・華北200万人、在ソ連10万人だった。日本統治期間で2・3倍、1600万人増えたのだ。

第二に、増えた人口の大部分を抱える朝鮮農村の生活の貧しさだ。

第三に、当時の日本内地に多数の出稼ぎ移住を受け入れる労働力需要があったことだ。日本内地の都市、鉱山、工場には働き口があり、旅費だけ準備すれば食べていけた。距離が近いだけに朝鮮と内地との間を頻繁に往復することができ、その数は昭和に入って往復ともに毎年10万人を超えた。

## 多数の「不正渡航者」を朝鮮へ強制送還

日本語が未熟で低学歴の朝鮮人農民が多数日本に渡航したことにより、日本社会との間に様々な摩擦が起きた。また、日本内地の景気が落ち込んだ際には、日本人労働者の職場が奪われることもあった。そして、戦時動員体制になってからは、動員を逃れた朝鮮人労働者が日本国内の非軍事産業に就業し、動員計画遂行を妨げた。このため、日本政府は、行政措置により大変厳格な渡航制限を実施していた。

表4（次ページ）の朝鮮総督府の統計によると、1925年から1937年に、釜山などの出発港で証明書など所定条件が不備のため渡航を止められた労務者と家族は16万人だった。また、1933年から1938年に、出発地元、すなわち朝鮮内居住地で渡航を止められたものは73万人にも及ぶ。

統計がある1933年から1937年の5年間、110万人から渡航出願が出され（再出願含む）、その6割にあたる65万人が不許可とされている。渡航許可率は半分以下の4割だった。

正式の手続きをとらない不正渡航も後を絶たなかった。

内地では不正渡航者を取り締まり、朝鮮に送還するなどの措置を取っていた。表5（145ページ）の内務省の統計によると、1930年から1942年まで13年間に内地で発見された不正渡航者は3万9000人、朝鮮に送還された者は3万4000人にのぼる。

とくに注目したいのは、戦時動員の始まった1939年から1942年までの4年間で不正渡航を発見された者が2万3000人（全体の6割弱）、送還者が1万9000人（全体の6割弱）と、

表４　朝鮮人労務者の日本内地渡航諭止　1925年10月～1938年

| 年 | 出発港諭止（人） | 出発地元（人） | |
|---|---|---|---|
| | | 出願 | 諭止 |
| 総数 | 163,760 | － | 727,094 |
| 1925 | 3,774 | － | － |
| 1926 | 21,407 | － | － |
| 1927 | 58,296 | － | － |
| 1928 | 47,297 | － | － |
| 1929 | 9,405 | － | － |
| 1930 | 2,566 | － | － |
| 1931 | 3,995 | － | － |
| 1932 | 2,980 | － | － |
| 1933 | 3,396 | 300,053 | 169,121 |
| 1934 | 4,317 | 294,947 | 188,600 |
| 1935 | 3,227 | 200,656 | 135,528 |
| 1936 | 1,610 | 161,477 | 87,070 |
| 1937 | 1,491 | 130,430 | 71,559 |
| 1938 | － | － | 75,216 |

単位：人

朝鮮総督府警務局「最近における朝鮮治安状況」1933年版、1938年版による。出発港諭止は1925～30年は釜山、31～38年は釜山、麗水、木浦、清津港の統計。1925年の数値は10～12月。出発地出願、諭止は、朝鮮内各道からの報告数の集計であり、労働者およびその家族を含み、出願に対する処分完結後、再出願した場合は、数が重複している。森田芳夫『数字が語る在日韓国・朝鮮人の歴史』74ページの表を加工。

むしろ戦時動員中に不正渡航が急増している点だ。39年から41年は「募集」、42年は「官斡旋」の時期だ。

もしも、同じ時期に朝鮮から無理やり労働者を連行していたのなら、なぜ2万人近くを送り返したのか説明がつかない。つまり、強制連行などなかったのだ。

わが国政府は、戦時動員の約7年間のうち統計が存在する1939年から1942年の4年間で2万人近くの朝鮮人不正渡航者を朝鮮に強制送還している（表5）。この事実は、当時は常識だったが、今はほとんど忘れられている。ここに戦時動員の実態を見る鍵がある。

「不正渡航」の方法は、内務省が1930年から42年まで調べたところによると、ブローカーにカネを払い小型船などで密航、渡航証明書の偽造、

表5　「不正渡航」と朝鮮送還　1930〜42年　単位：人

| | 不正渡航発見 | うち朝鮮へ送還 |
|---|---|---|
| 1930 | 418 | 210 |
| 1931 | 783 | 509 |
| 1932 | 1,277 | 943 |
| 1933 | 1,560 | 1,339 |
| 1934 | 2,297 | 1,801 |
| 1935 | 1,781 | 1,652 |
| 1936 | 1,887 | 1,691 |
| 1937 | 2,322 | 2,050 |
| 1938 | 4,357 | 4,090 |
| 1939 | 7,400 | 6,895 |
| 1940 | 5,885 | 4,870 |
| 1941 | 4,705 | 3,784 |
| 1942 | 4,810 | 3,701 |
| 1939〜42年の合計 | 22,800 | 19,250 |
| 総数 | 39,482 | 33,535 |

内務省警保局「社会運動の状況」各年による。1930年、31年は1〜11月の数値。森田芳夫『数字が語る在日韓国・朝鮮人の歴史』75ページの表を加工。

内地人を装うなどであった（『数字』66ページ）。

注目すべきは、戦時動員開始後に動員対象者に化けて「不正渡航」する者がかなりいたということだ。具体的には、①動員対象者の渡航中止の際に、合意の上、戸籍謄本をもらいうける、②人員点呼の際に、動員対象者が不在であると、代わりに返事をして混入する、③引率者の隙を見て混入する、などがあり、動員の団体が内地に到着すると、隙を見て逃亡した（森田芳夫『在日朝鮮人処遇の推移と現状』法務研究所・1955年・39ページ）。

## 「動員」は渡航者全体の1割に過ぎない

これまでは戦時動員が行われる前の時期の状況を見てきた。それを前提としたうえで、戦時動員の実態を検討したい。

1938年に国家総動員法が成立し、1939年7月には国民徴用令が内地で施行されたが、朝鮮では軍属を除いては施行されなかった。同じ頃、企画院・厚生省が国民動員計画を立て、その中に朝鮮人労務者の内地移送が含まれた。

移送は3段階に分けて行われた。

1939年10月から「募集」形式の移送が始まった。厚生省が認可した炭坑、鉱山、土建、その他の工場の事業主が朝鮮総督府が指定した地域で労働者を募集した。

1942年2月からは「官斡旋」形式となった。朝鮮総督府が各市、郡などに動員数を割り当てて、それを民間企業に引き渡した。1944年9月からは「徴用」が朝鮮でも始まった。

朝鮮人戦時労働者の動員数に関する統計は内務省、厚生省、朝鮮総督府の3種がある（表6）。

送り出した側の朝鮮総督府の数字が受け入れた側の内務省、厚生省の数字より多い。これは途中で逃げた者がいたことを反映している。また、後者二つの数字も異なっている。

したがって、数字に関わるこれからの議論は大まかな傾向を知るためのものだということをあらかじめ書いておく。

まず、内地へ動員された朝鮮人戦時労働者

表6　日本内地への労務動員　1939～45年　単位：人

| | 朝鮮総督府統計 | 厚生省統計 | 内務省統計 |
|---|---|---|---|
| 1939 | 49,819 | 38,700 | 126,092 |
| 1940 | 55,979 | 54,944 | |
| 1941 | 63,866 | 53,492 | |
| 1942 | 111,823 | 112,007 | 122,429 |
| 1943 | 124,286 | 122,237 | 117,943 |
| 1944 | — | 280,304 | 185,210 |
| 1945 | — | （推定） 6,000 | 52,755 |
| 総数 | | 667,684 | 604,429 |

朝鮮総督府および厚生省統計は年度（4～3月）。内務省統計は1～12月、ただし1945年は1～3月。朝鮮総督府統計は第86回帝国議会予算説明資料（友邦協会『太平洋戦下の朝鮮（5）』による。総督府の別資料（樺太南洋を含む統計）に1944年286,432人、1945年10,622人とある。厚生省統計は米国戦略爆撃調査団『戦時日本の生活水準と人力の活用』（1947年1月）引用の厚生省勤労局統計。内務省統計は『社会運動の状況』および同省資料による。森田芳夫『数字が語る韓国・朝鮮人の歴史』75ページの表を加工。

の総数を見ておこう。三つの統計とも１９４５年の数字が明白ではない。厚生省は１９４５年１月～３月までの数を６０００人と推計して全期間の動員数を66万７６８４人としている。内務省は45年３月末で60万４４２９人としていてひらきがある。また、戦後の１９５９年に法務省入管局は63万５０００余人という見解を公表している（法務省入管局『出入国管理とその実態』１９５９年5月）。

三つの動員数統計中で内務省のものだけが1月～12月の数字で、他の二つは4月から次年３月の数字だ。内務省は表２（137ページ）で見た在日朝鮮人人口の統計のほか、内地への渡航総数の統計も作成しており、それらはすべて1月～12月の数字だ。そのため動員数も比較や加工するのに便利だから、ここでは主として内務省統計を使うことにした。ただし、内務省の渡航者・帰還者統計は漏れが多いことがわかっているので、だいたいの傾向を表す数字として見てほしい。

まず、募集の時期である１９３９年から１９４１年の状況を見よう。１９３８年4月、国家総動員法が公布され、戦争に必要な物資、労働力の計画的動員が本格化した。翌１９３９年、内地では「国民徴用令」による大々的な労働者動員が始まったが、朝鮮では徴用令は発動されず、同年９月から「募集」形式での動員が開始された。

これは、戦争遂行に必要な石炭、鉱山等の事業主が厚生省認可と朝鮮総督府の許可を受け、朝鮮総督府の指定する地域で労働者を募集するものだった。募集された労働者は、雇用主またはその代理者に引率されて集団的に渡航就労した。集団的に渡航することにより、労働者が個別に渡航証明を取り、出発港で1人ひとりを検査するという、これまでの個別渡航の困難さが大幅に取り除かれた。

「募集」による動員は1942年2月なかばまで続いた。42年1月の数字は無視して募集の時期の動員を検討する。表7（次ページ）の1939年から1941年の3年間の統計を参照してほしい。

動員数は内務省統計で12万6000人だった。

内地渡航者総数は107万人もあった。そのうち動員の比率はわずか11％、約1割に過ぎなかった。言い換えると94万人が動員計画の外で個別に渡航したということだ。同じ時期、帰還者も多数いたから、渡航者数は人口増加数よりも多くなる。

内地朝鮮人人口は急増した。表2（137ページ）にあるように、1938年の80万人が、1941年には147万人と1・8倍増の伸びを見せた。増加数は67万人だ。人口の増加数に対する動員数は19％、約2割だった。

この時期の動員計画数は3年間合計で26万人だった。達成率は49％、約5割。一方で95万人が計画外に個別に渡航している。

表７　戦時労務者数と内地渡航者数　単位：人

| | 戦時労務者 | 内地渡航 | 比率 | 内地人口増 | 比率 |
|---|---|---|---|---|---|
| 1939 | | 316,424 | | 161,713 | |
| 1940 | | 385,822 | | 228,853 | |
| 1941 | | 368,416 | | 278,786 | |
| 小計 | **126,092** | **1,070,662** | 11% | **669,352** | 19% |
| 1942 | 122,429 | 381,673 | | 155,824 | |
| 1943 | 117,943 | 401,059 | | 257,402 | |
| 1944 | 185,210 | 403,737 | | 54,387 | |
| 1945 | 52,755 | 121,101 | | 約63,000 | |
| 小計 | **478,337** | **1,307,570** | 37% | 約**530,000** | 90% |
| 合計 | **604,429** | **2,378,232** | 25% | 約**1,200,000** | 50% |

戦時労働者数、内地渡航者数は、内務省統計による。内地人口増は内務省統計から計算。戦時労働者の1939〜41年については各年の数字が不明。1945年の戦時労働者数は１〜３月。1945年の内地渡航者数は１〜５月。1945年の内地人口増は1945年８月15日の内地朝鮮人人口を森田芳夫氏推計の200万人として計算した概数。森田芳夫『数字が語る在日韓国・朝鮮人の歴史』に収録されている内務省統計を使って西岡が作成。

## 動員を装って「不正渡航」する者も

内地では若い働き手が次々と徴兵され人手不足が深刻化し、肉体労働の賃金が高騰した。一方、朝鮮では徴兵も徴用も適用されておらず、若い男性の労働力がかなり残っていた。それが高い賃金を求めて、水が高いところから低いところに流れるように内地に向かった。これが3年間で107万人以上の内地渡航者を生み出した条件だった。

巨大な人の流れが発生したのだ。そのうち、戦時動員としての統制の枠の下にあったのはわずか13万人だった。内地渡航総数の1割、内地朝鮮人人口増加数の2割だけが動員によるものだった。動員以外の巨大な出稼ぎの流れがあった。

その意味で「募集」の時期は朝鮮人の内地への渡航を軍事産業に優先的に配置しようとした動員計画は成功したとは言いがたい。

そのうえ、不正渡航の方法として動員対象者に化けて「不正渡航」する者もいた。「不正渡航の手段」として「募集」に加わり、内地到着後、逃げた者らだ。1939年の段階で、すでに次のように報告されていた。

〈応募を内地渡航の手段としたる者あり、之等は坑内作業に恐怖を感じたる者等と同様、逃走しつつあり（略）。さらに移住朝鮮人中には他人と替え玉となり渡来したる者あり〉

（内務省警保局保安課「募集ニ依ル朝鮮労働者ノ状況」1939年、原文はカタカナ。朴慶植編『在日朝鮮人関係資料集成 第4巻』三一書房・1976年に収録）。

募集がいやがられた理由は、この内務省の文書にもあるように、多くの朝鮮人労働者らが炭鉱や金属鉱山など地下の坑内で働くことを嫌ったという点がある。彼らは大部分が農民出身であり、規律が厳しく地下での作業となる炭鉱、鉱山を嫌ったのだろう。

そして当時、内地には朝鮮人の親方が取り仕切る日雇いの建設現場での仕事がどこにでもあった。時期が少し下がるが、1945年10月現在の内地における労働者は、戦時動員労働者2万2500人に対して「自由労務者」14万5949人、合計16万8449人という記録が残っている。ここで言われている「自由労務者」とは、動員外渡航者、動員からの逃亡者などを意味する当時使われていた用語だ。動員1に対して自由7の割合だ（野木崇行「華鮮労務対策委員会活動記録」日本建設工業会・1947年・朴慶植編『朝鮮問題資料叢書 別巻第1集』アジア問題研究所・1981年に収録）

## 「官斡旋」「徴用」でも6割が自由渡航

次に官斡旋と徴用の時期である1942年から1945年までの状況を見よう。

1942年2月から、総督府の行政機関が前面に出る「官斡旋」方式の動員が開始された。先に見たよう募集の時期に戦時動員の外で巨大な労働力が内地に流れ込んでいた状況を変えようとする政策だったと思われる。より統制を強めて戦争遂行に必要な部門に優先的に朝鮮人を送ろうとしたのだ。

炭鉱や金属鉱山、そして土建業、軍需工場などの事業主が総督府に必要とする人員を申請し、総督府が「道」（日本の都道府県に相当）、その下の行政単位である「府」「面」まで割り当てを決め、動員を行った。募集のポスターを「道」や「面」の事務所に貼り希望者を募ったが、官吏や警察、地域有力者が積極的に動員活動を行った。

１９４４年9月からは法的強制力のある「徴用」が朝鮮でも始まった。１９４５年3月末には朝鮮と内地間の連絡船がほぼ欠航となり、事実上、戦時動員は中断した。１９４０年4月19日、次官会議で「半島人労務者の新規内地招致は特殊事情あるものを除くの外、原則として当分見合せしむること」という項目を含む「内地大陸間人員移動指導調整に関する件」が決定され、4月19日の閣議で報告された（『数字』68ページ）。

「官斡旋」と「徴用」の時期の動員では、一部乱暴なやり方もあったようだ。しかし、以上で見てきた状況からするなら、渡航したくない者を無理やり連れてきたのは相対的に少数で、大部分は戦時動員以外の形で個別に渡航しようとする出稼ぎ労働者を戦争遂行に不可欠な炭鉱など人気が低かった職場に送り込んだということだとも推定できるが、今後研究を続けたい。

表7（150ページ）の数字を検討しよう。動員数は内務省統計の45年3月までの数字で48万人だ。内地渡航総数は131万人もあった。動員の比率は37％、4割近くまで上がったが、それでも83万人が動員計画の外で個別に渡航したのだ。ただし、この時期、戦況の悪化で多大な人数が帰還したため、動員者数と人口増に大きな差はない。

この時期も内地朝鮮人人口は増え続けた。1941年末の147万人から、1945年8月には200万人、1・4倍に増えた（表2・137ページ）。増加数は約53万人だ。人口の増加に対する動員数の割合は90％だ。厚生省統計だとほぼ100％になる。

この時期の動員計画数は4年合計で65万2000人だった。達成率は74％、約4分の3にまで上がった。

## 4割が動員先から逃亡

この時期は戦時動員と人口増がほぼ一致した。自然増が毎年数万はあるはずだから、その分だけ帰還者の方が渡航者より多かったといえる。この4年間は統制の取れた動員が実現したかに見える。募集の時期の3年間と好対照を見せている。

しかし、じつはこの期間においても戦時動員は計画どおりに進んでいなかった。それは、官斡旋で就労した者の多くが契約期間中に逃走し、「自由労務者」となり工事現場の日雇いなどに転職し、そのうえ2年間の契約が終了した者たちの多くも事業主の希望どおりには再契約に応じず、やはり「自由労務者」になっていったからだ。

1945年3月末基準で事業場現在数、すなわち戦時動員された事業所で働いている数は28万8488人だ（表8）。この数字と、同じ厚生省統計の1945年8月15日現在の事業場現在数32万2890人（本書139ページで紹介）と比べると少なすぎる印象だが、どちらも森田が『数字』で使っている数字なので、本書でもその両方を使う。

戦時動員者の合計が58万7526人、逃亡者が37%、22万2225人にも上っている。それ以外に、期間満了帰還者5万2108人、不良送還者1万5801人、その他8904人となっている。

ちなみに内務省統計とは大きな差があるが、傾向を知るために厚生省統計を使って議論を進める。

**表8　「移入者」の1945年3月末の状況**

| | |
|---|---|
| 1945年3月末の | |
| 事業場現在数 | 288,488人 |
| 1945年3月末までの | |
| 逃亡者 | 222,225人 |
| 期間満了帰還者 | 52,108人 |
| 不良送還者 | 15,801人 |
| その他 | 8,904人 |
| 計 | 587,526人 |

厚生省統計による。森田芳夫『数字が語る韓国・朝鮮人の歴史』175ページの表を加工。

つまり、動員者総数59万人のうち、1945年3月時点で半数以上の30万人が動員先から離れていたということだ。拘束力が弱かったことがここにも表れている。

そして、なんと30万人のうち期間満了帰還者は5万2108人、17%しかいない。契約期間中に逃亡した者は22万2225人、動員先から離れていた者の74%にもなる。また、動員先にいた者と合わせた1945年3月末の動員総数からすると逃亡者は38%という驚くべき比率になる。彼らの多くが「自由労務者」になってより内地の待遇の良い職場に移って出稼ぎを続けたのだ。

平均で4割近くが逃亡している。このことに対して、タコ部屋のような過酷な待遇で厳しい労働をさせたからだという説明がよくされている。しかし、多くの逃亡者は朝鮮に帰らず、他の職場で働いていた。先述のように戦時動員者になりすまして内地に渡航し、すぐ逃げ出してあらかじめブローカーから誘われていた別の職場に移る者さえいた。

逃亡を防ぐため、集められた労働者は、50人から200人の隊に編成され、隊長その他幹部を決め統制をとり、団体で引率され渡航した。隊編成は炭鉱などに就労してからも維持され、各種の訓練が実施された。

しかし、実状は、動員先の炭鉱で働く意思のない者、すなわち渡航の手段として「官斡旋」を利用し、内地に着いたら隙を見て逃亡しようと考えている者が60%であったという驚くべき調査結果さえ残っている。労働科学研究所によってなされたその調査は1942年1月上旬から2週間、福岡県筑豊炭田で実施された。その退職事情の項を紹介する（朴慶植編『在日朝鮮人関係資料集成 第5巻』三一書房・1976年）。

なお、引用文中冒頭に〈昭和十四年十月の移住半島人渡航許可〉という表現がある。ここから、当時、1939年から始まった「募集」のことを、それまで制限的だった朝鮮人の内地への就労のための渡航が許可されたと理解していたことがわかる。それだけ、出稼ぎ渡航をしたい希望者が多かったのだ。

〈昭和十四年十月の移住半島人渡航許可以来、昭和十六年末までの間にE炭鉱（調査対象の六つの炭鉱の一つ。地方財閥経営。以前から朝鮮人労働者を受け入れていた・西岡註）に移住渡航した半島人は約三、〇〇〇名であるが、この内十六年末在籍率は一、二二二人にして、退職者は一、七七八人即ち退職率は実に五九・二六％である。又第一回目の移住渡航者は九六人であるが、契約期間たる二ヶ年在籍したものは三六名のみで、他の六〇名は退職した。即ち六二・五％の退職率である。

これについて調査対象炭礦労務当局者との意見交換によれば、次の如き原因によるものと推定された。即ち

（1）便乗渡航者が多く（六〇％程度は然らんと推定されている）これらが渡航の手段として来礦し、やがて退職するにいたる。即ち現在半島から内地に出稼ぎするには、この「移住」に応募して渡

航するのである。この結果内地炭坑に出稼ぎ先を求める意思の無い者も渡航費用会社負担の「官費官許旅行」を利用する者が多い。これが退職率の高いことの最も有力な原因と目されている。これは調査炭礦当局の全部によつて確認されている。

（2）所謂《いわゆる》誘惑の多いこと。人集めを業とする者の引き抜きが激しいこと。これは所謂誘惑に乗ぜられる労務者側に対する使用者側の用意の不足並《ならび》に炭礦に於ける労務者採用方式の旧式なること、特に移住許可に対する需要が只に炭坑並に土建産業のみに限らず又これら産業の内部に於ける需要が旺盛であるにも拘わらず、現実に許可割当せらる丶場合、その許可割当が重点的に許可せられ、許可洩れになる事業場又は需要と許可との間に大きな開きのある事業場の多い結果、これら劇《はげ》しき需要を希望する側の事業場が、渡航を完了した労働力を、宛《あたか》も一つの「労力給源」の如く看做して、これに働きかけること等に分けて、この「誘惑」が説明されている。〉［ルビは引用者］

この調査は「官斡旋」が始まったばかりの時期のものだが、官斡旋が3年目に入る1944年1月にも同じ趣旨の報告が専門雑誌『社会政策時報』に掲載されている（小野哲四郎「炭坑における労務事情」『社会政策時報』第280号、協調会・1944年1月）。

そこで小野哲四郎氏は逃亡の原因として以下の7つを上げた。⑴外部からの誘惑、⑵当初より逃走を予定、⑶坑内作業嫌悪、⑷賃金不平、⑸食糧不足、⑹規律生活嫌悪、⑺官斡旋での無理な動員。小野氏はそのうち⑴を「逃走屋の半数はこれによる」と断定し、「一人の半島人労務者の労働市場における市価は三〇乃至五〇円だと世上公然といわれている」と記している。ブローカーが動員労働者を引き抜いて30円から50円を受け取っていたということだ。それくらい需要があった。

1944年9月、戦局が悪化し、空襲の危険がある内地への渡航希望者が減るなか、朝鮮では軍属に限り1941年から適用されていた国民徴用令が、全面的に発令された。

また、すでに内地に渡航し動員現場にいた労働者らにもその場で徴用令がかけられ、なんとか逃亡を防ごうとした。

しかし終戦の際、動員現場にいた者は動員数の半分以下の32万人と報告されており、法的強制力を持つ国民徴用令もそれほど効果を上げられなかった。

つまり、「官斡旋」と「徴用」によるかなり強制力の強い動員が実施されたこの時期でも、渡航後4割近くが逃亡したため、巨大な出稼ぎ労働者を炭鉱などに送り込む流れをつくろうとした動員計画は、事実上、失敗したと言える。

「官斡旋」と「徴用」の内訳を示す統計は一つだけある（大蔵省管理局『日本人の海外活動に関する歴史的調査』「第一一章　戦争と朝鮮統治」）。ただし、朝鮮総督府の統計で樺太と南洋への動員も含まれるものと見られる。まず、「官斡旋」による内地への動員を見ると、1942年11万5815人、43年12万5955人、44年8万5243人、合計32万7013人だ。「官斡旋」での内地への動員は約33万人だった。

「徴用」は、1941年4895人、42年3871人、43年2341人、44年に急増して20万1189人、45年9786人だった。朝鮮における「徴用」は41年からの軍属への動員と、44年9月からの労働動員の2種があった。先に見た41年と42年の統計は前者だった。その合計は8766人だ。また、44年と45年の統計の中にも前者が含まれている。労務動員だけの統計はない。両者を合わせた44年と45年の合計21万0975人のうち、多く見て1万人程度が軍属とすると、「徴用」による内地への労働者動員は約20万人と見られる。同じ朝鮮総督府統計では募集は16万9664人だ。送り出し側の統計では「募集」17万、「官斡旋」33万、「徴用」20万。ここまで議論してきた表7（150ページ）の内務省統計と簡単に比較はできないが、「官斡旋」と「徴用」の比率は3対2だったとは言える。同じ資料から、動員先産業を見ると、石炭鉱山47％、金属鉱山9％、土建15％、工場その他28％だった。

## 動員計画は失敗

これまで、様々な統計数字を使いながら、1939年から1945年8月まで実施された朝鮮人内地移送計画の実態が「強制連行」「奴隷労働」などというものではなかったことを論証してきた。最後に、１９４５年８月の時点の状況を書くことにする。

動員計画期間中、内地朝鮮人人口は80万人から２００万人にと、１２０万人増加する。このうち32万人が終戦時における戦時労働者である。そのほか内地には11万人の軍人・軍属として動員された朝鮮人がいた。これ以外の77万人は動員計画の外、すなわち自分の意思により内地で暮らすようになった者とその家族だ。そこには「募集」「官斡旋」「徴用」で渡日した後、契約期間中逃走したか、契約終了後再契約に応じず、朝鮮に帰ることもせず、そのまま内地に居座った者たちも相当数含まれる。

統計から見た朝鮮人戦時動員の実態をまとめて

図３　戦時動員の実態

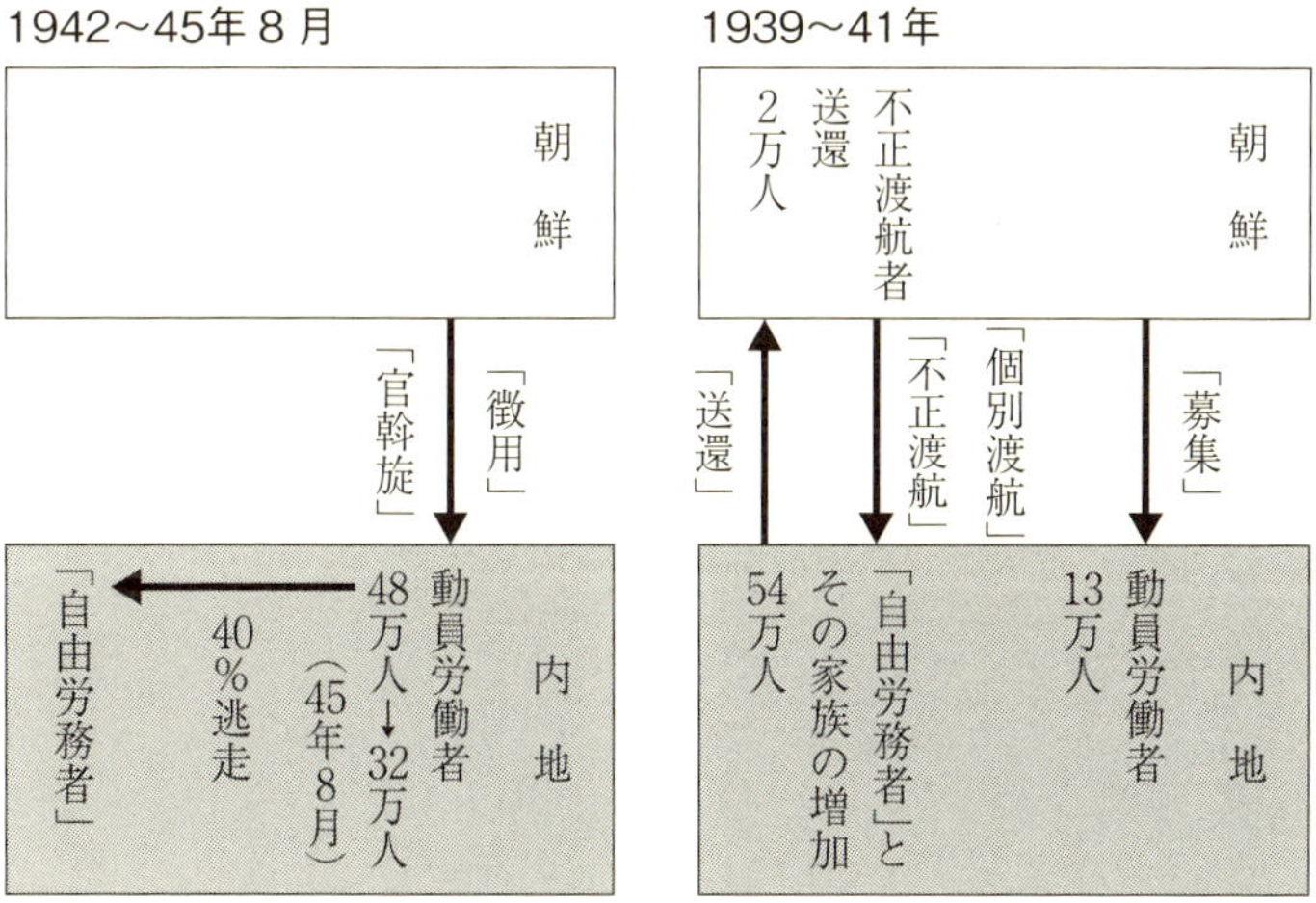

おこう。

1939年から1945年までに実行された朝鮮人労働者の戦時動員の本質は、個別出稼ぎにより建設現場などで働こうとしていた雪崩《なだれ》のような大量の人の流れを統制して、比較的人気がないが戦争遂行のために必要な炭鉱、金属鉱山などに動員しようとした政策であった。その統制はうまくいかなかった。

1.「朝鮮人内地移送計画」は、ほうっておいても巨大な人の流れが朝鮮から内地に向かう状況の中、戦争遂行に必要な産業に朝鮮の労働力を効率よく移送しようとする政策だった。

2.前期、1939年から41年までの「募集」の時期は、動員者は13万人だったが、渡航者総数は107万人、内地人口増加数は67万人だった。募集は、渡航者総数の1割、内地人口増の2割に過ぎなかった。また、約2万人の不正渡航者を朝鮮に送還している。計画外に多数が職を求めて出稼ぎ移住し、動員計画は失敗した。

3.後期、42年から45年までの「官斡旋」と「徴用」の時期は、動員者は48万人と急増した。渡航者総数は131万人、内地人口は53万人だった。「官斡旋」と「徴用」による動員は、渡航者総数の4割、内地人口増の9割にまで上昇した。この時期の動員計画数は4年合計で65万人だったから、達成率は74%、約4分の3にまで上がった。しかし、相当数の逃亡者が出たため、終戦の時点で動員先にいたのは32万人だけだった。平均して4割が動員現場から逃亡して動員計画とは別の職場で働く出稼ぎ移住者となった。やはり計画は順調には進まなかった。

4．朝鮮の労働力を戦争遂行に必要な産業に効率よく移送しようとする戦時動員計画は、計画とは関係なく自分たちが望む職場で働きたいという多くの朝鮮人労働者の出稼ぎ移住のため成功しなかった。これが実態だ。

5．徴用の時期、受け入れ工場では物資が乏しいなか、できる限りよい衣食住環境を準備した。日本人は戦争を自分たちのものと意識していた。朝鮮人はそのような当事者意識は希薄だった。

6．平和な農村からいやがる青年を無理やり連れて行って、奴隷のように酷使したという「強制連行」「奴隷労働」のイメージは二重の意味で事実ではない。第一に朝鮮人労働者は総体として内地で働きたがっていた。無理やり連行したのではない。第二に、彼らの多くは日本政府の戦争遂行のための統制に従わず勝手に就労した。

7．事実に反する「強制連行」「奴隷労働」プロパガンダは１９７０年代以降、まず日本で作られ、それが韓国にも広がった。

# 第8章　戦時労働の実態2

# 戦時労働者の手記から見た真実

## 二つの朝鮮人徴用工の手記

前章では統計数字を使って朝鮮人戦時労働の実態について考察した。それに引き続き、徴用で動員された労働者の手記を使い、実際の生活に関して述べてみよう。今、私の手元に二つの朝鮮人徴用工の手記がある。ここであえて「徴用工」と書くのは、二つの手記の作者がどちらも「徴用」によって渡日した「徴用工」だからだ。

一つ目は、1944年12月、広島県広島市の東洋工業に徴用された鄭忠海《チョンチュンヘ》氏が当時、克明に付けていた日記をもとに1970年に自家版として手書きでまとめたものだ。これを井下春子氏が日本語に訳して『朝鮮人徴用工の手記』（河合出版・1990年）として日本で出版された。韓国では出版されていない。

もう一つは1945年3月大阪府南河内郡（現在の河内長野市）長野町の吉年可鍛鋳鉄《よどしかたんちゅうてつ》工場に徴用された金山正捐氏（日本名）が、7月に逃亡し東京の飯場で「自由労務者」として働き、9月に再び長野町に戻り警察の取り調べを受け、調書として書いた手記だ。

昭和20年9月18日付で長野町警察署から大阪審察局長・治安部長・特高第二課長宛に出された「逃亡セル集団移入半島徴用工員ノ諸行動ニ関スル件」と題する公文書の中にあり、朴慶植編『在日朝鮮人関係資料集成　第五巻』（三一書房・1976年）に収録されている。

二つとも、当時の朝鮮人徴用工の姿をよく示す資料なので少し詳しく引用したい。『朝鮮人徴用工の手記』を『手記』とし、『在日朝鮮人関係資料集成・第5巻』を『資料』とし、カッコ内にページ数を記した。

## 広島市の東洋工業に徴用された鄭氏の手記

鄭忠海氏の手記から紹介しよう。まず、徴用工がどのように渡日するのかを見る。

〈一九四四年（昭和十九）十一月末ごろであった。平穏だった私の家庭に一大波紋が起こった。突然、私にも徴用令状が来た。あるいはという危惧はあったが、目の前に令状を受け取ると愕然《がくぜん》とした。出動の日は十二月八日。日本人の言う大詔奉戴日《たいしょうほうたいび》、ハワイに真珠湾の奇襲攻撃を記念する日である。この度出されたのは第三次徴用令状であった。期間は一年。徴用令状を受け取れば拒絶することはできない。私も出勤準備をせざるを得なかった。勤務していた工場の事務整理や家のことなど、慌ただしい一週間が過ぎた〉（『手記』10ページ）

〈十二月八日、その朝はたいへん寒く、零下十九度にも下がっていた。いま日本本土では空襲が始まり、それは焦土作戦だという。それならば我々が行くところはどこになるのか。日本本土のどこの工場か、または炭鉱か。わざわざ爆撃を受けに行くようなものであり、死に場所を求めて行くことになる。私は永登浦《ヨンドンポ》にある福本コンクリート工業所に、一九三九年六月、二十一歳になった年から満五年間勤めてきた。二年前に結婚し平穏に暮らしており、三歳になる長男（東勝《トンスン》）と生後六ヵ月の娘（澄枝）がいる。近くに叔母の一家がいるとはいえ、故郷を離れたところで夫に頼りきって生きてきた妻子が、私をどこかわからない地に送り出した後の暮らしはどうなるのだろうか、と暗澹とした気持ちだった。

生きて再び会える見込みは薄い。別れの時は刻一刻と近づいている。古い衣類を詰めたリュックサックを背負い、トランクを持ち、重い足をひきずり、後を振り返りながら別れの言葉もそこそこに、集合場所である永登浦区庁前の広場に向かった。

広場は出発する人、見送る人々で一杯だった。

徴用者の点呼が終わると、一同は隊伍をくんで市内の朝鮮ホテルのそば、商工会議所の前に集まり、各地から動員されてきた人々と共に壮行会が催された。〉（同10～11ページ）

ソウルの旅館に一泊し、翌朝、ソウル駅から汽車で出発した。途中、永登浦駅で妻や職場の同僚の見送りを受けた。車内では徴用工らが不安をまぎらわすため騒々しくなった。

〈長い汽車の旅を楽しく、日本まで観光旅行でもしてみようという気分になって（略）各人各様に騒ぎだし、ついには乱痴気騒ぎに変わっていった〉（同14ページ）

〈ふつう一日で着くことができる釜山まで、我々が乗っている臨時列車はゆっくりゆっくりと走り、十二月十日午後遅くに釜山《プサン》駅に到着した〉（同15ページ）

〈［十二月十一日・西岡註・以下同］朝早く釜山港第一埠頭広場に集合をした。整列した徴用者たちは、日本から来た各工場、その他の引受責任者に引き継がれるらしい。ここまで我々を引率してきた各区庁労務課職員たちは、無事に彼らに引き継げば責任が終わるのである。〉（同15ページ）

釜山までの引率は朝鮮総督府各区庁労務課職員だった。釜山でどこに配置されるかを知らされ、日本からきた各工場などの引率責任者に引き継がれる。米国の空襲が激しいところや危険が多いとされる炭鉱に行きたくないと不安が募る。

〈これから私はどこかの、何をするかわからないところに連れて行かれようとしている。ただ北海道の炭鉱にだけは行かないことを願うのみである。噂によると炭鉱では死傷者が沢山出ているという。今のこのときが、私の生死の岐れ道になる重大な時なのだ。

すでに日本本土ではアメリカ機の襲来が始まっていて、首都東京も空襲を受けている状態だという。我々は日本本土にアメリカ機の攻撃に遭いに行くのか、そうでなければ危険な炭鉱に行くのか、いずれにせよ運命に身を任す息づまる時が刻一刻近づいてきている。

まもなく各会社別に引受け、引継ぎが終わった。永登浦出身の我々は〝ひろしま（広島）〟にある東洋工業株式会社に割り当てられた。何の仕事をしている会社かはわからないが、工場であることは間違いないようだ。一番恐れていた炭鉱でないので先ずはほっとする。〉（同15～16ページ）

〈我々永登浦出身者一同は「東洋工業」と書いた旗のもとに集まり整列した。東洋工業の引率者は、背が少し高い五十歳前後の人で、〝野口〟といった。私は野口氏によって広島の会社までの統率者に選ばれた。即ち中隊長の役目をする。

この度東洋工業に行くのは、ソウル各区から動員されてきた二〇〇名だ。〉（同16ページ）

〈十二月十一日午前八時ごろ、我々一同は埠頭に待機していた連絡船に乗船しはじめた。連絡船

「金剛丸」は実に巨大な船だった。（略）
船に乗ると人々は先を争って上甲板に上がった。この次、この釜山の港を見れるのは何時か、もしかしたら永遠に帰れない身になるかも知れない。最後の故郷の山河、目の前に広がる釜山の港をじっと見つめて、ある者は涙を流し、ある者は腕がちぎれんばかりにハンカチを振りながら、「元気でいろよ、釜山の港よ。もう一度見たい故郷。また帰ってくるまで、変わらない姿でいてくれ」と叫び続けた。
このとき、涙を流さなかった朝鮮人は一人もいなかっただろう。それこそ断腸の思いでの別れであった。
我が祖国、我が民族の為に、闘いに行く、働きに行くのなら、諦めもできよう。だがよその国家と民族のために強制的に動員されていく身の上、弱小民族の悲哀。船上には冷たい雨さえしとしとと降り始め、それでなくても侘しい流浪の心をより乱した。〉［傍線西岡、以下同］（同17ページ）

昭和19年（1944年）9月から「徴用令」が朝鮮でも施行された。ちなみに朝鮮人への「徴兵」実施は同年1月からだ。

以上から分かるように、徴用という強制力の伴う動員がかかった場合、〈徴用令状を受け取れば拒絶することはできない〉という強制性へのあきらめの意識があった。一方、空襲の激しい内地に行くことへの不安や、傍線部分によく表れているように、この戦争は日本民族のためのものであって自分たち朝鮮民族のためのものではないという意識もあって、できることなら行きたくないという内心の思いはあった。

ただし、当時の朝鮮人たちが持っていた戦争に対する思いは、かなりの幅があった。鄭氏の手記の中にも、海外で展開されている朝鮮独立運動に共感していた同僚徴用工が出てくる。一緒に東洋工業に徴用された京城市鍾路出身の張某氏らに関する次のような記述だ。

〈当時、ここに来ていた我が同胞たちの中には、太極旗を知らない者もいた。しかし何人かは太極旗はもちろん、遠くアメリカでは李《イ》承晩《スンマン》博士が、そして中国重慶では金九《キムク》先生たち愛国・憂国の志士たちが、大韓独立のため以前から心血を注いで、日帝と独立闘争をしていたのを知っていて、多くの同志たちに暗々裡に口伝えされ、この第二寄宿舎にいる人たちはほとんどみんな知るようになっていた。八月六日原爆投下以後、極秘に太極旗を作って（日章旗を変造）深く隠している者もいた。

第一中隊第三小隊の張《チャン》某（鍾路出身）と言う者がいた。（略）彼は広島にきた後も工場に出たことがなかった。いつも病気だと称して宿舎にこもっており、舎監たちから憎しみを受けてきた。この人こそ当時言われていた思想家だったらしい。張某氏は当時としては珍しい短波ラジオをもっていて、極秘に米国放送を聞いては時々重大なニュースをこっそり我々に伝えてくれていた。〉（『手記』154〜155ページ）

徴用で動員されていても病気だと称すれば工場に1日も出ないことも許されたこと、またそのような問題人物が短波ラジオを隠れ聞いていたが摘発されなかったことなどから、当時の徴用者への監視、統制が想像をこえて緩かったことが分かる。

一方、別の証言集、伊藤孝司『写真記録　樺太棄民』（ほるぷ出版・1991年）に登場する朝鮮人、権熙悳氏は当時徴用を〈天皇陛下の赤子として名誉であり国民の義務〉だと考えていたと、以下のように回想している。権氏は1944年11月、徴用工として樺太に動員されている。

〈出頭命令が文書で来て、（略）身体検査のために、大邱《テグ》の公会堂に300人集まりました。（略）その中から115人を残して、他は帰らせました。ところが、11月11日の出発日になったら、115人のうち85人しかいませんでした。後は、皆逃げてしまったのです。

その頃の私は、「徴用」で行く事は「天皇陛下の赤子として名誉であり国民の義務」なので、仕方ないと思っていました。〉（『写真記録　樺太棄民』34ページ）

## 徴用者を迎えるのに神経を使った会社

鄭氏の手記に戻り、広島での徴用工らの生活環境について見てみよう。まず住居だ。

〈海岸に新しい木造二階建ての建物があった。そこがこれから我々が寝起きする寄宿舎で、朝鮮応徴士たちを迎えるために新しく建てられた第二寄宿舎だという。新しい建物なので少し安心する。

割り当てられた部屋に入った我々は、先ず旅装をといた。私は二階の部屋であった。室内を見回すと〝たたみ（畳）〟二十枚を敷いた広い部屋に、新しく作った絹のような清潔な寝具が十人分、きちんと整頓されてあり、片方には布団と私物をいれるのだろう、押し入れが上下二段になっている（約十坪の部屋）。横になっていた誰かが、

「これなら結婚の支度はまずまずだが、新郎（仕事のこと）がどんなかわからなければ、はっはっは」

と笑った。

衣・食・住の三つの問題のなかで、住についてはまずまずだ。〉（『手記』21～22ページ）

〈二十畳ばかりの畳の部屋で十人、一人にやや厚い敷布団に掛け布団が二枚ずつ、絹のような寝具で、我々のために新しく作ったらしい。これなら畳の部屋でも寒くなく過ごせそうだ。会社側

では、我々朝鮮半島出身応徴士を迎えるに当たり、いろいろ神経を使ったようだ。当然のことだ。他人の家の大事な息子であり、愛する夫、父親ではないか。そんな大事な人間を徴用で連れてきて仕事をさせようというのだから〉（同26〜27ページ）

新しい寄宿舎で1人当たり2畳の広さの大部屋、新しい寝具が準備されていた。「まずまず」どころか戦時中にしてはかなり恵まれた住環境と言えよう。食生活はどうだったか。

〈明るい食堂には、大きい食卓が並んでいた。新しく作られたものらしい。食堂のホールの前の厨房では年ごろの娘さんたちが、白いエプロンをつけて食事の準備に忙しそうだ。

食卓の前に座っていると、やがて各自の前に食事が配られた。飯とおかずの二つの器だ。飯とおかずは思いのほか十分で、口に合うものだった。（略）

とにかく食べることと眠ることは安心してもよいだろう。腹が減っていたところに、暖かいおいしい飯を腹一杯たべたので生きかえったようだ。〉（同23ページ）

〈飯は大豆が混ざった米の飯で、おかずは筍と肉の煮物で、口に合っていて食べられた（あとで分かったことだが、肉は馬の肉だという）。戦時中日本では、馬の肉を喜んで食べたという。食事の分量も私には適当だった。いつもこうした待遇ならば別に不満はないだろう。〉（同27〜28ページ）

食生活も1944年12月から翌45年夏までという食糧難のなか、かなりの好待遇だったと言えよう。また、月給140円は高給であり、食堂の食事以外にかなりの食糧を近隣に出かけていって調達している。ちなみに当時の巡査の初任給は45円、上等兵以下の兵士の平均俸給は月10円弱だった。夕食後は宴会を開いたという。バクチをやる者も出てくる。

〈みんなが集まって生活をしてみると、いろんな人がいる。ある人は〝みかん〟や〝ネーブル〟を、またある人は〝なまこ〟や〝あわび〟など、さらに酒まで求めて来て夕食後に宴会を開く。これらはここに来ている人たちの愉しみであり、唯一の慰めでもあった。（略）ソウルではみかんのようなものは、わずかな配給のほかには求めることさえできない。そんな貴重なみかんが、ここではみかん畠に行けばいくらでも買うことができる。下痢をするほど思い切り食べてみたいものだと言い合った。それに向洋［寄宿舎のあった場所・西岡註］と川一つ隔てた淵崎《ふちざき》は、漁村で牡《か》蠣《き》の名産地だという。このあたりには牡蠣の養殖場が多いためか、そこここに牡蠣の殻がうず高く積まれていた。時々食堂でだしてくれる牡蠣が入った飯（牡蠣飯）は本当に珍味だった。

干潮になると、食堂の後ろの浜辺ではなまこや浅蜊《あさり》（貝）をたくさんとることができた。人手が足らなくて取らないのか、なまこや貝などがそこらじゅうに散らばっている。日課後にそんなものを採るのも面白かったが、それを煮たり焼いたりして酒盛りをするのは格別だった。食料品は何もかも不足していたが、ここではいろいろなものを食べることができた。〉（同31〜32ページ）

〈どこに何があり、どこに誰が住んでいるのかわかっており、どんなものでも求めてきて煮たり焼いたりして、酒盛りやみかんパーティ等がいつも繰り広げられていた。戦争中で、決してお目にかかることが出来ない物でも、寄宿舎の中では珍しくはなかった。彼らはどこかに行って求めてくる。また多くの人が集まるところでかかせないのが、賭けごとだ。こちらの隅、あちらの隅で、花札の六百《ユッペク》やソッタがやられる。一カ月、二カ月にあたる給料を、みんなすったとこぼす者も少なくなかった。〉（同110ページ）

鄭氏は1945年3月、徴用者のリーダー5人とともに奈良にある西部勤労訓練所で1ヵ月の教育を受けたが、そこの食糧事情は極度に悪く、栄養失調になって広島に帰ってきた。同行した日本人社員1名も同じ教育を受け、やはり栄養失調になっているから、朝鮮人徴用者だけがひどい待遇を受けたとは言えない。

## 若い女工らに囲まれた楽しい工場生活

次に工場での作業について見ておこう。

東洋工業に到着してから1ヵ月間は練兵場で訓練を受けた。その後1月13日入社式を済ませた。鄭氏は九九式小銃の一付属部品の「遊底子《ゆうていし》」を作る第1工場に配属された。

〈工場に入ると先に出勤している女工たち［女子挺身隊として全国から勤労動員された日本人未婚女性ら・西岡註］が、走ってきて挨拶をする。たいへん親切に接してくれるのだった。中でも私を教えてくれる技工格の村上さんは、気持ちよく接してくれた。仕方なく工場に出勤して来たのだが、それほど気分が悪くなかった。（略）

付属品を削って、ゲージに合わせてみると、十中八、九は不合格品だ。しかし村上さんは一生懸命教えてくれる。彼女の顔にはいつも微笑がたえない。〉（『手記』48〜49ページ）

朝鮮人徴用工は女子挺身隊の若い日本人女性が多い職場で、「退屈しなかった」という。

〈工場で働く男たちは武器生産には心がなく、女性たちとの恋だ愛だということばかりに心をうばわれているようで、工場内の風紀は言葉にならないほどだった。どの工場だったたか、プレスを操作していた白《ペク》某という者が、作業中女性とおしゃべりをしていて、自分の親指をぱっさり切り落としたことがあった。その白という友人は、恋のために親指を切り落とした最初の犠牲者にな

った〉（同108ページ）

厳しいノルマなどはなく、それなりに楽しい作業環境と寄宿舎生活だったことがよく分かる。

## 戦争未亡人との逢い引き

鄭氏は第二寄宿舎の職員である二十代前半の日本人戦争未亡人の岡田さんから熱烈に慕われ愛人関係となる。そのいきさつを同書の中でわざわざ「岡田さんのこと」という項目を一つ立てて、次のように回想している。自己美化も入っているだろうが、当時の徴用工の日常を知る良き資料だと考え、さわりをそのまま引用しておく。

〈ある日、退勤後に同郷の金在文《キムヂエムン》氏が部屋を訪ねてきた。（略）

金さんは、「本当に我々の頭上に爆弾が落ちてくる日も遠くないようですね、実はそれで鄭兄に申し上げることがあってきたのです」と、少し言いにくそうにしながら、「今日は鄭兄の仲人をしようと思って訪ねてきたのです」と笑った。私があっけにとられて「何の冗談ですか」と言うと、彼は笑いながら、「鄭兄、なぜとぼけておられるのですか」と言って、「ではっきり話しましょう。鄭兄と岡田さんの仲人をすることです」と笑うのだった。私もつい笑った。「私は妻子がいる男ではないですか。きっと岡田さんが金さんに何かを話したのでしょう、とにかく聞きましょう」と言うと、金在文民は真顔で次のような話をするのだった。

「岡田さんは私と鄭兄が同郷で親しい間柄であることを知って私を訪ねてきて、自分のことを必ずあなたに話してくれと頼んだのです。岡田さんは私に、智山さん〔鄭氏の創氏改名後の名字・西岡註〕を好きになりました。でも、一方的な片思いをしているようです。これまで暇さえあればあの方を訪ねて行って話をし、無言のうちに気持ちを伝えたのですが、今日まで何の反応もありません。皆さんがここへ来られてもう七カ月がたちました。私は半年以上も片思いをしていることになります。もちろん彼は妻子がおられる方です。でも、若い男性が、それも異郷の地で、一時間さきの生死の運命さえわからない戦時中のことです。（略）最近になって気が気でなくなり堪えられなくなりました。特に呉の空襲のあとではなおさらです。居ても立ってもおられません。金さん、大変厚かましいお願いですが、どうぞ助けてください。彼も私の気持ちを知らないのではなく、ただ世間体を考えて近づくことができないようです」と。

「この宿舎の中の有様を知っていますか。岡田さんに目をつけている者がどれだけいるか知れません。もちろん鄭兄の気持ちもわからないわけではありません。しかし聖賢も風俗には従うと言うではありませんか。まして今は戦時です。ここは日本ではありませんか。何をそんなに躊躇しているのですか。呉の空襲を見たでしょう。無慈悲なあの爆撃、ここもまもなく受けるのではありませんか。我々の生死も時間の問題ではないかと思います。必ず生きるという保証もないということです。鄭兄、なぜそんなに小心なのですか。男が他国に連れてこられて人の道にはずれたといって、何の大きな罪になりますか。死ぬ前に他人の願いをかなえ、残った余生を楽しみ、生死を待ちましょう」

金在文氏の言うことにも一理がある。我々はすでに死者の仲間入りをしている状況である。現実の中で生きて行こう。

彼は仲人役がうまくいったと喜び、「岡田さんに伝えてくる」と出て行った。少しして戻ってきて、彼女に伝えたところ、喜んで、「今晩九時ごろに食堂の後ろの海辺の塀の角で会おう」と言う伝言であった。金在文氏は、「鄭兄、岡田さんとお楽しみください」と笑いながら行った。

（略）

彼女の家は寄宿舎の前の社宅であった。家の中には誰もいなかった。（略）「遅くなったけれどもお上がりください」と私を居間に案内した。上がると彼女は風呂を勧める。面倒だとは思ったが入浴していると、彼女が来て背中を流してくれた。これが日本式らしい。風呂から上がると、日本の浴衣に着替えろとすすめる。居間には、いつのまにか食事の用意ができていた。（略）

夏の夜は短い。明け方五時になった。彼女は私を起こして「早く寄宿舎にお帰りなさい」とせかす。宿舎に帰ると、小隊長たちが広い部屋で寝入っていた。戸を開ける音で目を覚ました第三小隊長の柳光勲が目をあけて「何処へ行ってきたのか」、「今帰ってきたのか」と聞く。私は曖昧な返事をして布団にもぐりこんだ。彼はそれ以上咎めなかった。起床時間にはまだ時間があり、私は布団に入るやいなや直ぐに眠ってしまった。〉(『手記』117〜122ページ)

徴用された朝鮮人労働者が夜自由に寄宿舎を抜け出し、逢い引きすることができた。その気になればいつでも徴用現場を抜け出して「自由労働者」になれたということだ。鄭氏の月給は140円だったし衣食住の待遇も良かった。工場側は朝鮮人労働者らに大変な神経を使っていたことが分かる。それくらいしないと、せっかく徴用で確保した労働力も、より条件のよい内地の他の職場に逃げられてしまうという現実が背景にあってのことだ。

その後、鄭氏は岡田さんの働きかけもあり事務所勤務となったため、原爆投下の日、市内での勤労動員に出ず、命拾いをする。

### 逃亡して東京で朝鮮人の親方の飯場へ

次に金山正捐氏の手記を見ておこう。前述のとおり、1945年3月に大阪府南河内郡長野町の吉年可鍛鋳鉄工場に徴用された金山正捐氏が、7月に逃亡し東京の飯場で「自由労働者」として働き、9月に再び長野町に戻り警察の取り調べを受け、そこで書いた手記だ。徴用先からの逃亡の経緯を見る。

〈私ハ朝鮮デモ可成ノ裕福ナ家庭ニ生立チマシタノデ最初ノ内ハ逃出ストイフ気持ハ毫モアリマセンデシタガ、漸次故郷懐シク加之《これにくわえて》毎日集団ノ隊長神農大律ト口論シ果テハ喧嘩ノ末殴リ合モ五六回ニ及ビ、ソレニ隊長ノ方ニハ良カレ悪カレ会社ノ幹部モ応援スルノデ居堪《いたたま》ラナクナリ（略）

私ト崔安石トガ逃ゲルコトニ決心シテ申合セテ、二人デ［昭和20年・西岡註］七月二十八日昼飯後寮ヲ脱ケテ大鉄長野駅ヨリ阿倍野橋ニ出タ処《トコロ》空襲ニ途《ア》ヒ城東線京橋デ夕方下車シ京阪電車デ京都ニ着キマシタ

私ハ所持金ガ二百五十円程アリマシタノデ宿屋ニ泊リ食事ナシデ部屋代十二円ヲ支払ヒマシタ〉

（『資料』50ページ）［適宜ルビを付した］

　逃亡の動機は作業の厳しさや待遇の悪さではない。隊長である神農大律との喧嘩が原因だった。なお隊長は徴用者工の中から選ばれるから、神農大律は朝鮮人の創氏改名した名前だ。手記によると、神農大律隊長も「数日中に逃げるらしいとの噂」があったという。

　前出の広島に徴用された鄭忠海氏は、１００人の隊員がいる中隊長に選出されている。中隊の下に3個の小隊があり、その1個小隊は3個分隊に編成されており、各々小隊長、分隊長が選出

されていた。神農大律隊長が分隊長、小隊長、中隊長のいずれであったかは分からない。

金山正捐氏は１９４５年3月に同工場に受け入れられ、逃げたのが7月28日だから、約5ヵ月徴用工として働いたことになる。その結果、２５０円程の現金を持っていた。金山氏の月給がいくらだったかはこの手記には記載されていないが、前出の鄭氏の月給が１４０円だったから、それと同程度はもらっていたのだろう。

なお、１９４５年3月、同工場は金山氏を含めて41人の朝鮮人徴用工を受け入れているが、そのうち15人が逃走していると、長野町警察署長は同年9月18日付のこの資料に書いている。

終戦後、徴用工には行動の自由が与えられたから、ここでいう「逃走」とは8月14日までのことだ。3月の何日に彼らが工場に着いたかは不明だが、3月はじめだとしても8月14日までは5ヵ月半だ。その間に41人中15人、37％が逃走している。その気になれば、かなり自由に徴用現場から抜け出せたことがここでも分かる。

長野駅から阿倍野橋駅、京橋駅を経て京都駅までは問題なく鉄道で移動できたが、京都から東京への切符を入手することには少し手間取った。鉄道員に証明書がないとだめだと言われるが、それでも頼み、1枚70円のヤミ切符を2枚売ってもらう。7月29日夜、京都駅を出発し、名古屋から中央線回りで列車を乗り継ぎながら東京に向かい、31日午後2時頃、立川駅で下車した。

〈改札口ヲ出ルト一人ノ朝鮮人ニ逢ツタノデ此辺ニ飯場ハナイカト尋ネルト其人ハ全南海南郡ノ生レデ金海トイフ人デ（略）西多摩郡ノ小河内村ノ飯場ヘ行ケト教ヘテクレタ其飯場ヘ行クト親方ハ慶南生レノ新井トイフ人デアツタガ、コノ人ニハ、私達ハ罹災者デ空襲ヲ逃ゲテ来マシタ宣敷頼《よろしく》ムト云ツタ処心カラ引受ケテクレタノミデナク、直グニ夕食ヲ戴イタ、余リ腹ガ減ツテイタノデ餓鬼ノ様ニ喰ベテウマイトモ何トモ感ジマセンデシタ

飯ヲ食フト煙草「光」五個宛呉レタガ、ソノ飯場ハ皆デ八名デ翌八月一日ハ疲レテイタノデ飯場ヲ休ンデイル処ヘ昼頃、新井ノ親方ガ濁酒《どぶろく》ヲモツテ来テ呉レテ幾何《いくら》デモ飲メト云ツテ呉レマシタノデ有難クテタマラズ飲ミマシタ〉（同51ページ）［適宜ルビを付した］

すぐに朝鮮人親方の飯場が見つかり飯場で世話になる。働く前から夕食や煙草、どぶろくまで出るという好待遇だった。いかに労働者が不足していたのかが分かる。

立川駅前で小河内村（現在の奥多摩町）の飯場を紹介してくれた金海という人物は、朝鮮人の親方の飯場を回り、地下足袋やシャツ、鉄道切符などを売り歩く闇商人だった。地下足袋1足25０円、シャツ70円から１００円、東京から朝鮮までの切符５００円という、かなり高値で商売していた。このような高値でも、朝鮮人労働者は高賃金をもらっていたので十分商売になった。ここからも当時の朝鮮人労働者が受けていた好待遇が分かる。

## 高賃金、軽労働の飯場生活

飯場での作業の様子を見てみよう。

〈八月二日現場へ出カケタ処其途中デ現場ノ一人ガオ前達二人ハコツチヘ来イトイフテ山ノ奥へ連レテ行カレタ、ソコニハ大キナ横穴ガ掘ツテアリ、ソノ近クニ板ガ沢山アツタノデ、ソレヲ下迄運搬セヨト云ハレ十一時頃迄ニ運ビ終ツテ、川へ行ツテ水浴シテ帰ツテ午後ハ遊ビマシタガ、コレダケノ仕事ヲシテ一日十五円ノ給料ヲ貰ヒマシタ
八月三日飯場ヨリ一里位離レタ現場へ又行ツタガ大キナトンネルガアツテ陸軍ノ歩哨ガ立ツテ居タ、ソンナトンネルヲ四ツ潜ツタ処ニ同ジクトンネルノ中デ飛行機ヲ製作シテ居リ、其処デモ運搬ヲ少シ手伝ツテ十五円ニナリマシタ〉（『資料』51ページ）

朝から11時までの半日の作業で15円だから、いかに好待遇だったかが分かる。また翌8月4日は仕事を休み、東京見物に出かけている。自由なものだ。そして川崎を回り、府中近くの高幡山で朝鮮人の飯場を見つけ、5日に小河内村の飯場を辞めて移る。仕事は防空壕掘りだった。ここでも親方から煙草6個をもらう。

〈八月七日現場デ測量ノ手伝ヲシタガ仕事ハ楽デ、一日二十円ノ賃金ヲ貰ヒマシタ〉（同52ページ）
〈八月九・十・十一日ト三日間毎日現場デ朝九時カラ午後二時カ三時頃迄防空壕掘ノ天井ノ板ヲサス仕事ヲ続ケマシタ〉（同52ページ）

ここでの作業もかなり軽く、やはり高賃金である。高幡山の飯場での食事については、次のように書いている。

〈コノ飯場ハ半島人労働者ガ三百人位シカイマセンデシタガ幽霊人口千五百人位ヲ慥《ママ》ラヘテオリソレデ配給モ大変豊カデ腹一杯食ハシテ呉レマシタガ食事ハ豆計リデ米ハ殆ンドアリマセンデシタ、ソレハ配給ノ米ヲ皆横流シニシテ金ヲ儲ケテイル訳デ其処ノ半島炊事係ハ二ケ月デ十万円モ儲ケルトノ事ヲ聞キ驚キマシタ
コノ外ニ五日ニ一回位平均デ牛ヲ密殺シマスガコノ牛ハ一頭二千五百円デ買ツテソノ肉ヲ飯場ノ者ニ売リツケ金ノナイモノハ食ベナイガヨイ給料ヲ貰ツテイルノデ金ハアリ闇デドンドン買フノデ一頭デウント儲ケルトノ事デ皮ダケデモ一千円デ売レルトノコトデシタ〉（同52ページ）

前の飯場では濁り酒があり、ここでは5日に1回牛を密殺して食べていた。また、300人し

かいないのに5倍の1500人分の米の配給を受けて、それを横流しして儲けていた。これは戦後の闇市での話でなく、戦時中のことだ。

文字どおり命懸けで総力戦を戦っていた日本人にくらべて、いくら内鮮一体を強調しても、多くの朝鮮人にとってはあの戦争は日本人の戦争であって、自分たちが命を懸けて取り組むという認識は一部を除いてなかったということだろう。

そのことを分かっていたから、日本政府も朝鮮人に徴兵、徴用をかけるのは1944年という土壇場だったのだ。忠誠心のない者を戦場に動員しても、いつ裏切るかもしれないという意識があったからだ。

当初、軍部は朝鮮に徴兵制度を導入するのは1960年頃がふさわしいという考えを持っていた。そのころになれば日本国に忠誠心を持つ者が多数を占めるだろう、という理由などからだ（1937年11月24日付の朝鮮軍参謀から陸軍次官宛の機密文書。詳しくは宮田節子著『朝鮮民衆と「皇民化」政策』未来社・1985年）。

しかし、徴用現場における日本人と徴用労働者との間の人間関係は概して良好だった。先に見た鄭忠海氏は、現場に勤務していた日本人戦争未亡人に熱愛されている。また金山正捐氏も、こう手記を結んでいる。

〈吉年工場ノ寮デ親切ニシテ下サッタ寮長ノ事ヲ思ヒ金谷［先に逃げた同僚徴用者・西岡註］ト二人デ御詫ニ寄セテ貰フト話ガ決リ九月九日再ビ元ノ七生寮ニ帰ツタ訳デス〉（同53ページ）

## 実態を知らずに日本を批判する韓国の若者

ここで引用した二つの手記は、１９８０年代末頃から、日本人らによって火をつけられて始まった、いわゆる戦後補償要求が出てくる前に書かれたものであり、要求の正当性を強調するという政治的意図が加わっていないという点で、史料価値が高い。

特に鄭忠海氏の手記は、「はじめに」にあるように、〈一老人となり、自分の青春の痛烈な記録を残したいと考えるようになった。（略）当時の朝鮮人徴用工の事実を少しでも知っていただけると嬉しい〉といった動機で書かれており、記憶違いなどはあったにしても、事実をゆがめることはなかったと考えてよい。

手記はもともと手書きのもので、日本語訳だけが出版された。「訳者あとがき」によると、まったく韓国人の関心の対象になっていない。

若い韓国人はテレビや新聞、また学校教育で強制連行、奴隷労働に代表されるような虚構のステレオタイプ的植民地時代史を学ぶ。実際その時代に日本人と朝鮮人がどのような関係にあったのかということなどはほとんど無視されている。あれだけ植民地時代が取り上げられながら、その時代に生きていなかった世代はほとんどその実態を知らないままでいる。

いわゆる「反日日本人」は、実態を知らないでやみくもに日本批判を展開する韓国の主張を根拠としている。歴史をゆがめ、日韓の真の友好を妨げている元凶と言うべきだ。


徴用工の手記の検討により次の点が明らかになった。

徴用の時期、受け入れ工場では乏しい物資の中、できる限りよい衣食住環境を準備した。日本人は戦争を自分たちのものと意識していた。朝鮮人はそのような当事者意識は希薄だった。平和な農村からいやがる青年を無理やり連れて行って、奴隷のように酷使したという「強制連行」のイメージは二重の意味で事実ではない。

第一に朝鮮人労働者は内地で働きたがっていた。無理やり連行したのではない。

第二に、彼らの多くは日本政府の戦争遂行のための統制に従わず勝手に就労した。

事実に反する「強制連行」「奴隷労働」プロパガンダは1970年代以降、まず日本で作られ、それが韓国にも広がった。先入観を排した実証研究が求められている。

## 日本政府も実態を知っていた

前章と本章では、いわゆる朝鮮人戦時労働について統計と手記からその実態を見てきた。

繰り返しになるが、ここまで書いてきたことはすでに森田芳夫をはじめとする先学により明らかにされていたことであり、日本政府もその研究成果を十分認識していた。1959年5月に法務省入国管理局が公刊した最初の入管白書『出入国管理白書――出入国管理とその実態』（大蔵省印刷局）では、ここまで書いてきた歴史的経緯に関して以下のごとく簡潔にまとめている。その部分を全文引用しておく。

〈第二章　出入国管理の沿革と現在の機構　第一節　戦前の出入国管理

（略）

四、朝鮮人の移住

戦前の出入国管理をかえりみる際に、当時日本国民であり、現在わが国にとって特殊な外国人としての地位をしめる朝鮮人についても一言しておかねばならない。

韓国併合の翌年明治四十四年末に日本内地に在留した朝鮮人は四千余人にすぎなかった。大正中期以後になって朝鮮人が数多くわが国に移住するようになったが、そのおもな原因の一つは、朝鮮本土の人口増加である。日本統治の開始された明治四十三年の末に約千三百万を数えた朝鮮人人口は、終戦前に三千万近い数（朝鮮本土に二千五百余万・日本内地・満洲・華北・ソ連等に約四百万）に達していた。とくに南朝鮮の農村の過剰人口が鉱工業の未発達な朝鮮内で吸収されないために、低賃金労務者として日本内地に渡航することになった。近距離なので、その移住のあり方は、出稼ぎ的に往来しながら（たとえば、大正十二年の渡航数は約十二万であったが、帰還数は約七万五千であり、昭和十三年の渡航数は約十六万であったが、帰還数は約十四万であった。）漸次、都市・工場・炭坑地帯に定着し、昭和十三年末に在留者は約八十万を数えた。

大正の中期以後、この朝鮮人労務者の移住は、治安・労務問題の上から社会問題化していたので、政府は行政措置により、生活の見通しのたたぬものの渡航阻止を行なった。その後、戦時態勢の進展にともない日本内地で国民動員計画が進められる際に朝鮮人労務者もふくまれ、昭和十四年九月から、朝鮮内の指定された地域で、企業主が渡航希望の労務者を募集し、十七年二月からはその募集が総督府のあっせんにより行なわれ、十九年九月からは国民徴用令にもとづいて行なわれた。しかし二十年三月末には、下関・釜山間の連絡船がほとんどとだえ、その募集渡航が行なわれなくなった。（したがって、国民徴用令による期間は六か月余であった。）十四年九月以降、日本内地に募集された労務者は、六十三万五千余人となるが、そのうち契約期間をすぎて帰還したものがおり、また職場を離れて他へ移動したものもおり、終戦当時にその事業現場にいたものは、三十二万二千余人であった。このほかに軍人・軍属として日本内地にいたものが終戦時に約十一万人いた。なお、右の期間中も、従来通り数多くの一般朝鮮人が来住しており、終戦当時には、全在留朝鮮人は約二百万を数えた。

朝鮮人のおもな在留地は、六大都市をふくむ府県、朝鮮にちかい福岡・山口・広島県および北海道の炭坑地であり、以上の十道府県の在留朝鮮人は、内地在留全朝鮮人の約四分の三をしめていた。〉（『入管白書』1959年・10〜11ページ・原文の促音表記「つ」を「っ」に換えた）

# 第9章　「在日は強制連行の子孫」という幻想

## 在日韓国・朝鮮人は強制連行の子孫ではない

本章では終戦後の朝鮮人の引き揚げについて論考したい。

いまだに事実を無視する人々は、在日韓国・朝鮮人は、戦時中に労働者などとして「強制連行」された者とその子孫だと主張し続けている。

結論から先に言えば、それはでたらめだ。終戦後200万人いた在日朝鮮人のうち約150万人が帰国した。日本政府はまず軍人・軍属、戦時動員された労働者を優先して引き揚げさせた。したがって、これらの人たちは日本残留を希望した例外的ケースを除き、みんな朝鮮に帰っていったのだ。日本に残留した50万人は日本に早くから渡航し、生活基盤を築き上げていた者が大部分であった。

在日朝鮮人は強制連行の被害者だという主張は、1960年代以降に流布したものだ。なぜ、そしてどういう経過でこのようなでたらめが流布していったのかは一つの研究テーマであり、首都大学東京の鄭大均名誉教授の研究などによって解明が進んでいる。ここでは引き揚げの正確な事実関係を確認しておきたい。

この問題に関しても、じつは詳細な研究がすでになされている。第7章で言及した森田芳夫の緻密な業績である。

戦後の引き揚げに関しては、1955年7月に法務省から「法務研究報告書」第43集第3号として発行された森田芳夫『在日朝鮮人処遇の推移と現状』(以下『推移と現状』とする)が詳しい。同書は1975年、湖北社が複写版を海賊出版し、その存在が広く知られるようになった。私は古書店で購入できた。以下の記述の多くは、同書に依拠したものである。

## 国益を侵す発言

それにしても、法務省の公文書にきちんとした事実関係が述べられていることを無視して、政治家やマスコミはでたらめを主張し続けている。いったい日本は国家の体をなしているのかと考えさせられてしまう。政府の公文書に反するでたらめを広めて外国人の権益を拡大しようとしている政治家やマスコミの言動は、日本の国益を侵す行為だと言わざるを得ない。

日本の敗戦とともに、軍人・軍属、戦時動員された労働者らはもちろんのこと、出稼ぎに来ていた一般労働者とその家族の大多数が、「朝鮮はついに日本の支配から解放された。帰ろう、独立する祖国へ！」という思いにとらわれた。1945年8月15日以降、それらの人々は下関、仙崎（山口県）、博多港に殺到し、朝鮮に向かう船を探し、日本人を乗せて朝鮮から引き揚げてきた船や漁船などにわれ先に乗り込んだ。

連合国最高司令官総司令部（GHQ）は8月25日以降、100トン以上の船の航行を禁止したが、1945年末まで無数の機帆船が朝鮮海峡を往復した。なかには機雷や海賊の被害に遭うものもあった。

9月1日、厚生・内務両省の関係局長が朝鮮人戦時労働者らの引き揚げを優先的に進めるとする次のような通達を出した。『推移と現状』からその内容を引用する。

〈関釜連絡船は近く運行の予定で、朝鮮人集団移入労務者は優先的に計画輸送をする。輸送順位は概ね土建労務者を先にし、石炭山労務者を最後とし、地域的順位については、運輸省で決定のうえ、関係府県、統制会、東亜交通公社に連絡する。

所持品は携行しうる手荷物程度とし、有家族者の家族も同時に輸送する。釜山まではかならず事業主側引率者をつけ、釜山で引き渡すこと。帰鮮者の世話は、地方興生会をして極力当たらしめる。帰鮮せしめるまでは、現在の事業主をして引きつづき雇傭せしめおき、給与は概ね従来どおりなすべきこと。一般既住朝鮮人には、帰鮮可能の時機に詳細指示するにつき、それまで平穏に待機するよう指導すること〉

日本政府は、連絡船を朝鮮人の復員軍人、軍属、集団移入労働者の集団復員輸送専用として彼らの引き揚げを進めた。

それだけではなかった。連絡船が出る港までの日本国内の鉄道移動に関しても便宜が図られた。青森―下関（北海道、北陸在住者）、品川―博多（東北、関東地区在住者）、名古屋―博多（中部、近畿地区在住者）には臨時列車を出し、その他の路線では一般定期列車に引き揚げ朝鮮人専用の客車を増結させた。船賃および国内鉄道運賃は無料とされた。

輸送順序は、復員軍人、集団移入労働者ならびに元被徴用者およびそれらの家族、内地（樺太、千島および沖縄を含まず）以外の地域からの引揚者、その他の一般朝鮮人とされた。

## 134万人余が帰国

しかし、終戦後の混乱のなか、計画どおりの統制ある引き揚げは実現しなかった。日本政府の準備した引き揚げ船以外に自分たちのカネを出して乗り込む者も多く、また優先順位のあととされた一般朝鮮人も続々と港に集まってきた。

9月末に仙崎、下関に滞留する朝鮮人は2万人におよび、博多も1万人を超えた。そのうち、給食を受けている者が各々5000人いた。仙崎では建坪200坪の倉庫のほか大テント4棟などに収容し、博多では馬事協会の厩舎に収容され大混乱を呈していたという。

その混乱のため、GHQは10月15日と30日の2回にわたり、朝鮮人が下関、仙崎、福岡その他の地区に殺到することを抑制するよう求めた。

GHQは11月1日に、はじめて朝鮮人引き揚げの具体的な覚え書きを発表したが、そこでも帰国を望む朝鮮人が指示のあるまで現住所を離れないよう日本政府に統制を求めていた。

朝鮮人引き揚げのためには、仙崎、博多のほかに、佐世保、舞鶴、函館、浦賀（援護局所在地）も使われた。また、三池、臼《うす》の浦《うら》（長崎県）、門司、下関、萩、境、温泉津《ゆのつ》（島根県）、伏木（富山県）、七尾、新潟、小樽、室蘭などの港も使われた。

終戦から翌1946年3月の間の引揚者は、統計にあらわれたものが94万人余り（表9・199ページ）、その他統計漏れを『推移と現状』は約40万人と推計している。合わせて134万人が急流の如く帰国したのだ。この時点で、軍人・軍属と戦時動員労働者（徴用を含む）はほとんど全部帰国した。

すでに述べたように、終戦時日本には約200万の朝鮮人がいた。そのうち軍人軍属が約11万、戦時動員され動員現場で就労していた者が約32万である。

重ねて書くが、この43万は１９４６年３月までに朝鮮に帰ったのだ。したがって、戦後も帰国せず日本に居住を続けた在日韓国・朝鮮人は、戦争中に日本に連れてこられた者たちとその子孫ではないのである。これははっきりした事実である。

## 冷める引き揚げ熱

１９４６年に入ると、急速に朝鮮人らの引き揚げ熱が冷めていく。

ＧＨＱは同年３月18日、残る一般朝鮮人の引き揚げを進めるため、全在日朝鮮人に引き揚げについての希望の有無を登録させた。その結果、次の数字が把握された。

全在日朝鮮人数　64万７００６名（うち受刑者３５９５名）
右のうち引き揚げ希望者　51万４０６０名（うち受刑者３３７３名）
右のうち北朝鮮への引き揚げ希望者　９７０１名（うち受刑者２８９名）

すなわち、朝鮮人全体の８割が引き揚げの意思を表明した。

総司令部は３月26日、「引揚を希望するものは、日本政府が指示する時機に出発しなければならない。さもないと、日本政府の費用による引揚の特権は失われ、商業輸送の便宜の可能になるまで、待たなければならないであろう」と発表した。

この統計をもとに総司令部は9月末までに全希望者の引き揚げを完了させよと日本政府に指示し、日本政府はそれを受けて市町村別輸送計画を立てた。しかし、引き揚げ希望を表明した者たちの中から、それを思いとどまるものが続出し、計画は順調には進まなかった。それどころか、港まで来ていた者たちも引き揚げ船に乗らず、そこの闇市に生活の基盤を求める者、あるいはそこから職を求めて日本国内のどこかに移動する者が多数出た。

その原因は、朝鮮の混乱する政治経済情勢だった。米軍政下にあった38度線以南ではインフレが進み、米の配給もとだえ、1946年春には「米よこせデモ」が起きていた。そのうえ、同年6月から8月にかけてコレラが流行し、洪水が起き、不安定な社会情勢が続いた。そのため、一度引き揚げた者たちが密航で日本にやってくるぐらいだった。

とくに、早くに渡日して朝鮮内の生活基盤がなくなっていた者は、引き揚げの特権を失っても日本に残ったほうが生活が楽だと考えたのだ。

総司令部は10月以降、持ち帰り品の制限を大幅にゆるめるなどの措置をとったが、集団引き揚げは低調のままだった。

朝鮮人引き揚げ総数は、統計上把握されているものが104万0328人だ（表9）。

表9　在日朝鮮人の引き揚げ　単位：人

| | 佐世保 | 博多 | 仙崎 | 舞鶴 | 函館 | 浦賀 | その他 | 計 |
|---|---|---|---|---|---|---|---|---|
| 1945年8月～46年3月 | 55,306 | 425,713 | 320,517 | 25,676 | 86,271 | 2,540 | 24,415 | 940,438 |
| 1946年4月～46年末 | 286 | 69,107 | 9,917 | 3,385 | 205 | | | 82,900 |
| 1947年 | 8,392 | | | | | | | 8,392 |
| 1948年 | 2,822 | | | | | | | 2,822 |
| 1949年 | 3,482 | | | | | | | 3,482 |
| 1950年 | 2,294 | | | | | | | 2,294 |
| 計 | 72,582 | 494,820 | 330,434 | 29,061 | 86,476 | 2,540 | 24,415 | 1,040,328 |

佐世保は佐世保引揚援護局『局史』（下）による。ただし、1947年総数から、北朝鮮向引揚者数351人：1947年3月233人、6月118人を引いた。博多は博多引揚援護局『局史』による。仙崎は仙崎引揚援護局『局史』による。舞鶴は1949年3月10日舞鶴引揚援護局次長より引揚援護庁局長宛て報告による。函館は引揚援護院「外地および外国引揚者保護関係一件集」（1945年12月）および「引揚者援護関係一件集」（1946年10月）による。1946年は『局史』による。浦賀は浦賀引揚援護局『局史』による。「その他」の明細は以下のとおり。小樽1,865、室蘭8,579、新潟2,323、三池994、臼ノ浦1,237、門司1,000、下関803、境2,664、伏木1,499、萩2,640、七尾708、温泉津103。温泉津は引揚援護局所管記録綴による。その他は引揚援護局「外地および外国引揚者保護関係一件集」1945年12月による。森田芳夫『在日朝鮮人処遇の推移と現状』67ページの表を加工。

終戦時の在日朝鮮人が約200万人、引き揚げをせずに残った朝鮮人が約50万と推定されるから、これ以外に40万人以上の引揚者が統計から漏れていると考えられる。つまり、合計140万以上が終戦後の約半年で朝鮮に引き揚げたということだ。

『推移と現状』は引き揚げ事業について次のような総括を下している。

〈終戦後の短時日内に、百四十万が朝鮮本土に移動したことは、世界史上にも特記すべき現象であった。これは総司令部の指示によって行われる前に、日本政府の懸命な努力があり、それ以前に、帰国熱にかられた朝鮮人自体の奔流のごとき民族意欲が動いていた。一九四六年四月に総司令部が引揚の具体策を確立した時、引揚朝鮮人の九割はすでに帰国していたという現象であった。

総括的にみれば、動員労務者、復員者らは自由意思で残留したものは別にして、全員計画送還にあみこまれた。一般在住者も、約百万は帰った。あとに残った五十万のものは日本に早くから渡航し、その生活基盤を日本社会に深く築いていたものが大部分であったといえよう。〉（『推移と現状』68ページ）

これが1955年に発表された日本政府の歴史認識だ。

## 終戦直後のある徴用工の体験

ここまでは終戦後の朝鮮人の帰国について書いた。戦時動員者は、本人が特別な理由で残留した者以外はすべて帰国したことを詳しく見た。本節ではまず、第8章で紹介した朝鮮人徴用工鄭忠海氏の手記から具体的な帰国の状況を見ておこう。

1945年8月15日正午過ぎ、広島市の徴用工のための寄宿舎は次のような状況だった。

〈舎監長野口氏は重い口を開いて、目をそらしながらも、我々朝鮮人たちに自分の感想を語るのだった。

「今我々は、連合軍に無条件降伏をしたと言う天皇陛下の放送を聞きました。これで無慈悲な忌まわしい戦争も終わりました。今から皆さんたちは独立国家の自由国民になりました。長い歳月我が日本のために多くの苦労をされたけれども、我々は戦争に敗けてしまいました。すべて運命でしょう。願わくは皆さん方は一日も早く故国に帰られて、皆さんの祖国再建のためによい仕事をされることを願うだけです」

涙にむせぶ声で話すのだった。寄宿舎の内外ではワーワーと騒々しかった。各所に作業にでていた人々もみんな帰ってきた。しかし場所が場所、時期が時期だけに心おきなく騒ぐこともできず、こそこそ様子だけを窺っていた。夕方になって会社の上部から正式通達がきた。

「国家民族のためにやむをえず無条件降伏をしたもので、工場の仕事やすべてのことをこの時期をもって中止し、第二寄宿舎の全朝鮮人も帰郷の措置をする」と言う嬉しい発表だった。さらに第二寄宿舎の朝鮮人には帰国できるすべての便宜を図るが、帰る日までは食事提供のほかは自治制で、会社では一切干渉をしないと言うのだった。言い換えればお前たちの思うままにしろと言うのだった。故国へ帰ろうと、どこかへ行こうと勝手にしろと言うことだ。その瞬間の歓喜は筆舌につくしがたかった。天皇の放送を聞いたときには無条件降伏をすると言う原則だけはわかったけれども詳しい話はなかったが、今度はあれこれと細かいことが分かったので、それこそ「大韓独立万歳！」を声高く叫び、太極旗を空高く掲げたかった」〉（『手記』152〜153ページ）

8月15日以後、会社側は朝鮮人徴用工のため帰国の道を確保する努力をしつつ、毎日の食糧を提供した。戦後の食糧難のなか、それなりの誠意を尽くしたと言える。徴用工らは帰国の日を待ちわびながらも物質的にはかなり恵まれていた。

〈八月十五日以後は、会社側からは一日三回の食事（握り飯）を提供してくれるだけで何もなかった。食事をもらって食べ、一日も早く帰国できる日を待っているのが我々の日課であった。

これからの我々朝鮮の青壮年たちには重大な課題が負わされていた。倒れ、失われた国家を再建しよう、我が民族を再び取り戻そう。当時の我々の心の中には共通した思いが往来しており、希望にふくらんでいた。故国の山河を背にして父母・兄弟・妻子たちと別れてからほぼ九カ月余り、やっと解放されたが、なぜこんなに帰りたいのか、一刻が三秋のようだという言葉はこうした時につかう言葉だろうか。〉（同158〜159ページ）

〈一日も早く帰国しようと、できるだけの努力をした。毎日のように会社に行って、帰国の船がいつになるかと尋ねるのが日課であった。今日も会社に行って尋ねると、『まだ一カ月くらいは待たなければならないだろう』と漠然とした返事であった。〉（同158〜159ページ）

〈寄宿舎の中では毎日のように大宴会が行われていた。手に入りにくい牛肉や正宗（清酒）、米などを求めてきて、飲んだり食ったり豪華版であった。〉（同163ページ）

8月15日から数日の間に、数十人が第二寄宿舎を出て日本国内のどこかに行った。日本国内に縁故者がいる者と結婚していない若者らだ。

手記では数十人としか記述がないが、そのあとの記述で同寄宿舎の300人のうち原爆被害者が重軽傷者含めて百余人、それを除くと150〜160人とあるから、数日間でいなくなったのは40人程度と思われる。この40人のなかには戦後も帰国せず日本に残った者もいた可能性はあるが、それはあくまでも自らの意思による残留である。

〈八月十五日から数日がたった。その間に寄宿舎からは、次々と同胞が出ていった。日本国内に縁故者がいる者は縁故者を尋ねて行き、故国に家族（妻子）がいない若者の一部も寄宿舎をはなれて行き、その数は、数十名にのぼった。〉（同159ページ）

## 引き揚げまでの日々

9月初め、釜山まで航海してくれる25トンの木造貨物船を見つけた。料金は4万円、100人が乗れる。1人あたり400円という高額の船賃だったが第二寄宿舎の約100人が集まり9月8日、出発した。

鄭忠海氏は月給140円だった。1944年12月から9カ月間の徴用工としての生活の結果、1人あたり400円を出すことができる者が100人いたということだ。その事実から、彼らの経済状態がかなり恵まれたものだったことが分かる。

連合軍は無秩序な帰国を止めさせるため8月25日以降、100トン以上の船の航行を禁止したが、このような小型船が多額の航海料をとって帰国を請け負うケースはかなりあった。そして、そのなかには航海中難破するものもかなりあった。じつは鄭忠海氏らの船も時化でたいへんな目に遭うのだが、ここでは省略する。

9月初めから博多、仙崎と釜山間の定期連絡船が運航を再開した。興安丸（定員4500名）と徳寿丸（定員2500名）がそれにあたった。

9月12日、鉄道総局は、当分、連絡船は一般乗客の利用を停止し、もっぱら朝鮮人の復員軍人、軍属、集団移入労働者の集団復員輸送に充当することなどを指示した。鄭氏らはあと数日待っていれば、運賃なしで安全な航海ができたのだ。

出発の日となった9月8日、関係者らが歓送会を開いた。そこでのやりとりを見ると、当時の日本人と朝鮮人の心の交流関係がよく分かる。

〈帰国者一同は食堂の前の広場に集合した。ちょうど一〇〇名だった。各自大小の荷物を背負い、喜色満面だった。一方ではまだ帰れない残留者が、寂しそうな表情で見送っており、隣近所の人までも出てきて我々一同を見送ってくれていた。むこうの寄宿舎の正門の前で患者たちがほとんど出てきて、帰っていく我々を見て涙を流している姿が目についた。会社では兵器部長の代理の職員と、野口舎監長をはじめとして舎監たちや食堂に残っている従業員が出てきた。その中には、魂が抜けたようにぼんやり立っている岡田さんの姿も混っていた。

まもなく簡単な歓送会があった。野口舎監長から大略次のような歓送の辞があった。「皆さんは懐かしい故国に、父母・妻子をおいてここ日本にきて、本意ではない多くの苦労をされました。

しかし結局日本は敗けてしまいました。これから皆さんは、独立国家の国民として重大なる任務が与えられています。無事に帰国なさって祖国を再建され、よい仕事をなさることを心より願っています。病床で喘《あえ》いでいる患者さんたちも早く回復するように治療に力を入れますし、まだ帰られないで残られる方も、早く帰国できるように船便の斡旋をして差し上げます」。

挨拶をする野口氏の目には涙さえも浮かんでいた。野口氏は声をつまらせながら「遠く危険な海路、気をつけて行かれるように、さようなら」と頭を下げた。

十カ月間にわたって苦楽をともにした親しい人たちと、今は国籍が違う他国の人として永遠の別離をする。帰国者を代表して私は簡単な挨拶をして歓送会を終えた。会が終わると、各自いままでに親しくなった人や町の人たちのところに走っていって挨拶をかわした。

岡田さんも塀のそばで涙を流して、帰って行く我々を眺めていた。私は彼女のそばに近づいて手を握り、「どうぞ身体に気をつけてくださいい。縁があったらまた会うことができるでしょう。あまり気落ちしないで元気でいてください」と言った。私は彼女の顔を見ることができずに船に乗った。広島にきて、原爆から私の命を助けてくれた恩人、生きて再び会うのは難しいだろう〉

（同175〜176ページ）

第二寄宿舎にいた徴用工３００人のうち、終戦直後日本国内のどこかに移動した者約40名、９

月8日に鄭氏らと帰国した者100名、原爆で死亡し、鄭氏が遺骨を持ち帰った者20名だから、9月8日の時点では約140名の残留者がいた。そのうち原爆被害ですぐには帰国できない負傷者80名ほど、元気だがもう少し待って会社側が手配する船に乗ろうと考えていた者が60名ということになる。舎監の話からも分かるように、日本側はその140名に対してできる限りの世話はしたと考えられる。

## 在日の大部分は戦時動員前に来日した人の子孫

以上、終戦後の朝鮮人帰国について見てきた。ここから分かることを書く。戦前から引き続いて在日し続ける現在の特別永住者の大部分は、戦時動員以前に来日した者とその子孫なのだ。そのことを直接証明する統計を紹介しておく。大きく見ても徴用により渡日した者はわずか1・2%、戦時動員で渡日した者全体でも6・6%にしかならない。

法務省「在留外国人統計」によると、1959年4月現在の在日朝鮮人のうち、渡日時期は表11（209ページ）のとおりだ。公権力による動員である徴用は、1944年9月から開始される。月別統計はないから、1944年から1945年にかけて渡日した者の4304人のうち、徴用で渡日した者がどのくらいかははっきりしない。

戦況が悪化したこのころから自由渡航者は減ってきたから、仮に全員が徴用で来た者だとして計算してみよう。同じ1959年4月現在の在日朝鮮人人口を見ると、15歳以上は38万1659人だ（表10）。ここから戦後渡日者4414人を引いた37万7245人が終戦時から継続して日本に住む者となる。4304人はその中でわずか1・2％ということになる。

また、1939年から開始された戦時動員計画全体による渡日者を考えても次のとおりになる。同じ統計から1939年から1945年までの渡日者は約4万人だ（表11）。本書で詳しく見たように、この時期の渡日者は戦時動員計画以外の出稼ぎ者もかなりいた。そこで1959年の時点で30歳以上（終戦時16歳以上）の在日人口の男女構成比をとると、男62％、女38％になる（表10）。この比率を4万人にかけた約2万5000人が、計算上の男性の数となる。「募集」、「官斡旋」、「徴用」で動員された朝鮮人はごく少数の女工を除くと男だった。そのうえ、実際は男性の出稼ぎ者も多かったから、戦時動員者の数はもっと少なくなるはずだが、これを仮に戦時動員者として計算してみても、終戦時在日者の7

表10　在日朝鮮人人口の男女比　1959年4月現在　単位：人

| | 男 | | 女 | | 計 |
|---|---|---|---|---|---|
| 総数 | 335,456 | 55% | 272,077 | 45% | 607,533 |
| 30歳以上 | 133,079 | 62% | 81,909 | 38% | 214,988 |
| 15歳以上 | 218,491 | 57% | 163,168 | 43% | 381,659 |

外国人登録者票による。年齢不詳者（男9人、女3人）は30歳以上に加えた。
森田芳夫『数字が語る在日韓国・朝鮮人の歴史』41ページの表の数字を使って西岡が作成。

％に満たない。

**引き揚げ事業についての政府の歴史認識**

これまで本章では、いわゆる朝鮮人の「強制連行」といわれている戦時動員について、統計と手記などからその実態を見てきた。

第８章で紹介した１９５９年入管白書では、本章で書いてきた朝鮮人の引き揚げに関する歴史的経緯に関して以下のごとく簡潔にまとめている。その部分も全文引用しておく。

〈第二節　占領下の出入国管理

一、引揚

昭和二十年九月二日、横浜沖のミズリー号でわが国が降服《ママ》文書に調印してから二十七年四月二十八日の平和条約発効までの六年八カ月の間、わが国の統治権は連合国最高司令官の制限の下におかれ、それまで内務省所管であった外国人の出入国管理は、総司令部の手に移った。

表11　在日朝鮮人の渡日時期　1959年４月現在　単位：人

| | | | |
|---|---|---|---|
| 戦前渡日者　計 | 216,231 | 戦後渡日者　計 | 4,414 |
| 1938年以前 | 100,294 | 1946～59年 | 4,414 |
| 1939～43年 | 36,157 | | |
| 1944～45年 | 4,304 | 日本生まれ　計 | 386,888 |
| 時期不詳 | 75,476 | 総数 | 607,533 |

法務省「在留外国人統計（1959年）」より作成。原資料では「上陸年」とされている。森田芳夫『数字が語る在日韓国・朝鮮人の歴史』40ページの表を加工。

総司令部が最初に処理しなければならないことは引揚であった。海外にある日本軍および一般邦人あわせて六百数十万の引揚について急速な能率的活動をはじめたが、同時に国内にいる外国人およびこれに準ずるものの本国引揚を進めた。

在留朝鮮人は、終戦直後に帰国をあせり西辺の港に殺到して混乱を起していた。政府はいち早く動員労務者や復員者の優先的輸送の措置をとり、総司令部もその方針をつぎ、またそれにひきつづいて一般朝鮮人の引揚を進めた。朝鮮から引き揚げてくる日本人をのせた船に日本から引揚げる朝鮮人がのった。帰国熱にかられた朝鮮人は一日もはやい引揚をいそいで終戦から二十一年三月末までに百三十余万のものが朝鮮に引き揚げた。二十一年二月に、総司令部は帰国希望者の実態を把握するために、朝鮮人・中国人・台湾人・琉球人の登録を行なった。その結果を朝鮮人についてみると、二十一年三月十八日現在、在留総数六四七、〇〇六人が登録し、そのうち五一四、〇六〇人（うち北鮮への帰国希望者九、七〇一人）が帰国希望と登録した。総司令部はその五十一万余人の帰国希望者の計画輸送をすすめて、同年九月末までにその輸送を終了しようとした。

朝鮮人は、終戦後、解放された祖国へ、大きな期待をもって引き揚げたのであったが、国土が二分され、経済再建が思わしくなく、生活の見通しのたたないことから、これなら日本の方がまだよいとて、逆航するものが多くなった。一方、その当時に、日本において相当に自由にふるまえたことも、その引揚熱をさます一因ともなり、それまでに引揚を準備したもので思いとどまるものが多かった。そのため総司令部・日本政府の熱心な努力にもかかわらず、同年夏以後の引揚はまったく低調になって、二十一年四月以後、その年末までの引揚者は八二、九〇〇人にすぎず、その後、二十二年　八、三九二人、二十三年　二、八二二人、二十四年　三、四八二人、二十五年　二、二九四人という状態であった。その引揚者をはこぶ船は佐世保から釜山へ一か月に大体一回運航していた。二十五年六月に動乱がおこって、それまでつづけられた集団的朝鮮人の引揚は、終了することになった。

以上により、終戦当時に二百万を数えた朝鮮人のうち、動員労務者・復員者は、個人の自由意思でふみ止まったものを別とすれば、全員が優先的に引き揚げた。一般の在留者も約百万人引き揚げた。あとに五十万人にちかいものが残ったが、これらの大部分は日本内地に早くから来往住し、その生活地盤を日本社会に深くきずいているものであった。

なお、在留朝鮮人の中で北鮮に引揚を希望したものは、二十一年十一月に米ソ間に締結されたソ連地区引揚協定の実施により、二十二年三月と六月に合計三五一人が引き揚げた。〉（原文の促音表記「つ」を「っ」に換えた）

在日朝鮮人のいわゆる「強制連行」と戦後の日本残留の経緯に関しての事実はこれに尽きる。そして、これは閣議承認された日本政府の公式の歴史認識である。ところが、与党幹部を含む

「反日」日本人らはそれに反する発言を繰り返すなど、あまりにも無知で不真面目だ。

事実に基づかない議論は百害あって一利なし——これが本章の、そして本書全体の結論である。

資料

# 新日鐵住金・朝鮮人戦時労働者裁判　韓国大法院（最高裁）判決主要部分

2018年10月30日

西岡力訳　●印の小見出しは西岡が付けた

## 主　文

上告をすべて棄却する。

上告費用は被告が負担する。

## 理　由

1．基本的事実関係

●時代背景

カ　日本の朝鮮半島侵奪と強制動員など

日本は1910年8月22日の韓国合併条約以後、朝鮮総督府を通じて朝鮮半島を支配した。日本は1931年の満州事変、1937年の日中戦争を起こすことにより次第に戦時体制に入っていき、1941年には太平洋戦争まで起こした。日本は戦争をする中で軍需物資生産のための労動力が不足するや、これを解決するために1938年4月1日に「国家総動員法」を制定、公布し、1942年に「朝鮮人内地移入斡旋要綱」を制定、実施して、朝鮮半島各地域で官斡旋を通じて人力を募集し、1944年10月頃からは「国民徴用令」により一般朝鮮人に対する徴用を実施した。太平洋戦争は1945年8月6日に日本の広島に原子爆弾が投下された後、同月15日に、日本天皇［原文は「国王」］が、米国をはじめとする連合国に無条件降伏を宣言することで終わることとなった。

●〈原告1〉〈原告2〉は平壌で募集広告を見て自ら応募ナ〈原告1〉〈原告2〉〈原告3〉〈原告4〉（以下「原告たち」とする）の動員と強制労動被害及び帰国経緯

〔1〕原告たちは1923年から1929年の間に、朝鮮半島で生まれ、平壌、保寧、群山などに居住した者たちであって、旧日本製鐵は1934年1月頃に設立され、日本の釜石、八幡、大阪などで製鉄所を運営した会社だ。

〔2〕1941年4月26日に基幹軍需事業体に該当する旧日本製鐵をはじめとする日本の鉄鋼生産者を総括指導する日本政府の直属機構である鉄鋼統制会が設立された。鉄鋼統制会は朝鮮半島で労務者を積極的に拡充することを決め、日本政府と協力して労務者を動員し、旧日本製鐵は社長が鉄鋼統制会の会長を歴任するなど鉄鋼統制会で主導的な役割を果たしていた。

〔3〕旧日本製鐵は1943年頃、平壌で大阪製鉄所の工員募集の広告を出したが、その広告では大阪製鉄所で2年間訓練を受けると技術を習得することができて、訓練終了後は朝鮮半島の製鉄所にて技術者として就職できると記載されていた。〈原告1〉〈原告2〉は、1943年9月頃、上記の広告を見て、技術を習得して朝鮮で就職することができるということに魅力を感じて応募した後、旧日本製鐵の募集担当者と面接をして合格して、上記の担当者の引率で、旧日本製鐵の大阪製鉄所に行き、訓練工として労役に従事した。

〈原告1〉〈原告2〉は、大阪製鉄所で1日8時間の3交代制で働き、1ヵ月に1、2回程度外出が許され、1ヵ月に2、3円程度の小遣いだけ支給を受けたのみで、旧日本製鐵は賃金全額を支給すれば浪費する憂慮があるという理由をあげ、〈原告1〉〈原告2〉の同意を得ない状態で、彼らの名義の口座に賃金の大部分を一方的に入金し、その貯金通帳と印鑑を寄宿舎の舎監に保管させた。〈原告1〉〈原告2〉は火炉に石炭を入れて砕き混ぜたり、鉄パイプの中に入って石炭のかすをとり除くなど、火傷の危険があり、技術習得とは別に関係がないたいへん苦しい労役に従事したのだが、提供される食事の量はたいへん少なかった。また、警察官がしばしば立ち寄り、彼らに「逃げても直ぐに捕まえられる」と話し、寄宿舎でも監視する者がいたため、逃亡することを考えることもできなかったが、〈原告2〉は逃げて行きたいと言ったのが発覚して寄宿舎の舎監から殴打を受け体罰をされたりもした。

そのような中、日本は1944年2月頃から訓練工たちを強制的に徴用し、それ以後〈原告1〉〈原告2〉に一切の対価も支給しなかった。大阪製鉄所の工場は1945年3月頃、米合衆国軍の空襲で破壊され、このとき、訓練工のうちの一部は死亡し、〈原告1〉〈原告2〉を含む他の訓練工は1945年6月頃、咸鏡道清津に建設中だった製鉄所に配置され清津に移動した。〈原告1〉〈原告2〉は寄宿舎の舎監に日本で働いた賃金が入金されていた貯金通帳と印鑑をくれと要求したが、舎監は清津に到着した以後も通帳と印鑑を返してくれず、清津で1日12時間もの間、工場建設のために土木工事をしながらも賃金をまったくもらえなかった。〈原告1〉〈原告2〉は1945年8月頃、清津工場がソ連軍の攻撃により破壊されると、ソ連軍を避けてソウルに逃げ、ようやく日帝から解放された事実を知ることになった。

● 〈原告3〉は1941年、募集の時期に報国隊として渡日

〔4〕〈原告3〉は1941年、大田市長の推薦を受け、報国隊として動員され、旧日本製鐵の

募集担当官の引率に従い日本に渡り、旧日本製鐵の釜石製鉄所でコークスを溶鉱炉に入れ、溶鉱炉から鉄が出てくればまた窯に入れるなどの労役に従事した。上記原告は、ひどいほこりによる困難を経験し、溶鉱炉から出る不純物にひっかかって倒れて腹を怪我し3ヵ月間入院したりもしたし、賃金を貯金してくれるという話を聞いただけで、賃金をまったくもらえなかった。労役に従事している間、最初の6ヵ月間は外出が禁止され、日本憲兵が半月に1回ずつ来て人員を点検し、仕事に出ない者にはずるしていると言って蹴ったりした。原告は1944年になるや、徴兵され軍事訓練を終えた後、日本の神戸にある部隊に配置され米軍捕虜監視員として働いていたところ解放になり帰国した。

●〈原告4〉は43年に募集され渡日

〔5〕〈原告4〉は1943年1月頃、群山府（今の群山市）の指示を受け募集され、旧日本製鐵の引率者に従って日本に渡り、旧日本製鐵の八幡製鉄所で各種原料と生産品を運送する線路の信号所に配置され線路を切り替えるポイント操作と列車の脱線防止のためのポイントの汚染物除去などの労役に従事したが、逃走したが発覚し、約7日間ひどく殴られ、食事の提供を受けられなくされもした。原告は労役に従事する間、賃金をまったく支給してもらえず、一切の休暇や個人行動を許されず、日本が敗戦した後、帰国せよという旧日本製鐵の指示を受けて、故郷に帰って

来ることになった。

タ　サンフランシスコ講和条約締結など（略）

ラ　請求権協定締結の経緯と内容など（略）

マ　請求権協定締結による両国の措置（略）

パ　大韓民国の追加措置（略）

●日本判決は韓国の善良な風俗、社会秩序に違反

1．上告理由第1点に関して

差戻し後の原審は、その判示と同じ理由をあげ、〈原告1〉〈原告2〉が本件訴訟に先立ち、日本において被告を相手に訴訟を起こして件の日本判決において敗訴・確定されたとしても、件の日本判決が日本の朝鮮半島と朝鮮人に対する植民支配が合法的であるという規範的認識を前提に日帝の「国家総動員法」と「国民徴用令」を朝鮮半島と〈原告1〉〈原告2〉に適用することが有効であると評価した以上、このような判決理由が盛り込まれている本件の日本判決をそのまま承認することは大韓民国の善良な風俗や、その他の社会秩序に違反するものであり、従ってわが国で本件の日本判決を承認して、その効力を認定することはできないと判断した。

このような差戻し後の原審の判断は、差戻し判決の主旨によることであって、そこに上告理由の主張とともに外国判決承認要件としての公序良俗違反に関する法理を誤解する等の違法はない。

3．上告理由第2点に関して（略）

差戻し後の原審は、その判示と同じ理由を挙げて、原告たちを労役に従事させた旧日本製鐵が、日本国の法律が定めたところに従って解散され、その判示の「第2会社」が設立された後、吸収合併の過程を経て被告に変更されるなどの手続きを経たとしても、原告たちは旧日本製鐵に対する本件請求権を被告に対しても行使することができると判断した。

このような差戻し後の原審の判断は、差戻し判決の趣旨によるものであり、そこに上告理由の主張のように、外国判決承認要件としての公序良俗違反に関する法理を誤解する等の違法はない。

●原告の損害賠償請求権は、請求権協定の適用対象に含まれない

4．上告理由第3点に関して

カ　条約は全文・付属書を含む条約文の文脈及び条約の対象と目的に照らして、その条約の文言に付与される通常の意味に従って誠実に解釈されなければならない。ここにおいて、文脈とは条約文（前文および付属書を含む）の他に、条約の締結と関連して当事国の間で成立したその条約に

関する合意などを含み、条約の文言の意味が模糊としていたり曖昧であったりする場合などには、条約の交渉記録および締結時の事情などを補充的に考慮して、その意味を明らかにしなければならない。

ナ　このような法理に従って、先に見た事実関係および採択された証拠により知ることができる次のような事情を総合してみれば、原告たちが主張する被告に対する損害賠償請求権は、請求権協定の適用対象に含まれると見ることはできない。その理由は以下のとおりである。

●日本の統治は不法だったという前提で慰謝料を求めている、未支給賃金や補償金を請求しているのではない

〔1〕まず、本件で問題となる原告たちの損害賠償請求権は、日本政府の朝鮮半島に対する不法な植民支配および侵略戦争の遂行と直結した日本企業の反人道的な不法行為を前提とする強制動員被害者の日本企業に対する慰謝料請求権（以下「強制動員慰謝料請求権」という）という点を明確にしておかなければならない。原告たちは被告を相手に未支給賃金や補償金を請求しているのではなく、上記のような慰謝料を請求しているのである。

これと関連した差戻し後の原審の下記のような事実認定と判断は、記録上これを十分に肯定することができる。即ち、①日本政府は日中戦争と太平洋戦争など、不法な侵略戦争の遂行過程に

おいて基幹軍需事業体である日本の製鉄所に必要な人力を確保するため、長期的な計画を立て組織的に人力を動員したし、核心的な基幹軍需事業体の地位にあった旧日本製鐵は、鉄鋼統制会に主導的に参与するなど、日本政府の上記のような人力動員政策に積極的に協調して人力を拡充した。

②原告たちは、当時、朝鮮半島と朝鮮人が日本の不法で暴圧的な支配を受けていた状況において、将来、日本で処遇されることになる労働内容や環境についてよく知ることができないまま、日本政府と旧日本製鐵の上記のような組織的な騙しにより動員されたと見ることが妥当だ。

●劣悪な環境、強制貯金、監視と暴行

③そのうえ、原告たちは成人に達していない幼い年齢で家族と離別し、生命や身体に危害を受ける可能性がたいへん高い劣悪な環境で危険な労働に従事し、具体的な賃金額も知らないまま強制的に貯金をしなければならず、日本政府の苛酷な戦時総動員体制のため外出が制限され、常時監視され、脱出が不可能であり、脱出の試みが発覚した場合には苛酷な殴打に遭いもした。

●「反人道的な不法行為」による精神的苦痛

④このような旧日本製鐵の原告たちに対する行為は、当時の日本政府の朝鮮半島に対する不法な

植民支配及び侵略戦争の遂行と直結した反人道的な不法行為に該当し、このような不法行為によって原告たちが精神的苦痛を受けたことは経験則上明白である。

●請求権協定は不法植民支配に対する賠償請求ではない

〔2〕先に見た請求権協定の締結経過とその前後の事情、特に下記のような事情によれば、請求権協定は日本の不法な植民支配に対する賠償を請求するための取り決めではなく、基本的にサンフランシスコ講和条約第4条に基づき、韓日両国間の財政的、民事的な債権債務関係を政治的合意によって解決するためのものであったと見られる。

①先に見たとおり、戦後賠償問題を解決するために1951年9月8日に米国など連合国48ヵ国と日本の間に締結されたサンフランシスコ講和条約第4条(a)は、「日本の統治から離脱した地域(大韓民国もこれに該当)の施政当局及びその国民と日本及び日本の国民間の財産上の債権債務関係は、これらの当局と日本間の特別取極によって処理する」〔カギカッコに入っているが実際の条文の引用ではなく韓国最高裁による要約〕と規定している。

②サンフランシスコ講和条約が締結された後、ただちに第1回韓日会談(1952年2月15日から同年4月25日まで)が開かれたが、その時に韓国側が提示した8項目も基本的に韓日両国間の財政的、民事的債務関係に関するものであった。上の8項目中の第5項に「被徴用韓人の未収金、補

償金及びその他の請求権の弁済請求」という文言があるが、8項目の他の部分のどこにも日本植民支配の不法性を前提とする内容はないことから、上の第5項の部分も日本側の不法行為を前提とするものではなかったと見られる。従って、上の「被徴用韓人の未収金、補償金及びその他の請求権の返済請求」に強制動員慰謝料請求権まで含まれると見ることは難しい。

③1965年3月20日に大韓民国政府が発刊した『韓日会談白書』によれば、サンフランシスコ講和条約第4条が韓日間の請求権問題の基礎になったと明示しており、そのうえ「上の第4条の対日請求権は戦勝国の賠償請求権と区別される。韓国はサンフランシスコ講和条約の調印当事国でないために、第14条の規定による戦勝国が享有する『損害および苦痛』に対する賠償請求権を認定されなかった。このような韓日間の請求権問題には賠償請求を含ませることはできない。」という説明までしている。

④その後に実際に締結された請求権協定やその付属書のどこにも、日本植民支配の不法性に言及する内容はまったくない。請求権協定第2条1においては、「請求権に関する問題が、サンフランシスコ講和条約第4条（a）に規定されたものを含めて、完全かつ最終的に解決されたこと」として、上記の第4条（a）に規定されたこと以外の請求権も請求権協定の適用対象になりうると解釈される余地があるにはある。しかし、上のとおり、日本の植民支配の不法性にまったく言及されていない以上、上記の第4条（a）の範疇を超える請求権、すなわち植民支配の不法性と

直結する請求権までも上の対象に含まれると見ることは難しい。請求権協定に対する合意議事録（Ⅰ）2.（g）においても「完全かつ最終的に解決されたこと」に上の8項目の範囲に属する請求が含まれていると規定しているのみだ。
⑤2005年、民官共同委員会も「請求権協定は基本的に日本の植民支配賠償を請求するためのものではなく、サンフランシスコ講和条約第4条を根拠にして韓日両国間の財政的、民事的な債権債務関係を解決するためのものだ」と公式意見を明らかにした。

## ●韓国が行った2回の補償は道義的次元

〔3〕請求権協定第1条により日本政府が大韓民国政府に支給した経済協力資金が第2条による権利問題の解決と法的な代価関係があると考えられ得るかどうかも明らかではない。
請求権協定第1条では「3億ドル無償提供、2億ドル借款（有償）の実行」を規定しているが、その具体的な名目については何も内容がない。借款の場合、日本の海外経済協力基金により行われるものとし、上の無償提供および借款が大韓民国の経済の発展に役立つものでなければならないという制限を設けているだけである。請求権協定の前文において、「請求権問題の解決」に言及してはいるものの、上の5億ドル（無償3億ドルと有償2億ドル）と具体的に連結される内容はない。これは請求権協定に対する合意議事録（Ⅰ）2（g）で言及された「8項目」の場合も同じ

だ。当時の日本側の立場も、請求権協定第1条の資金が基本的に経済協力の性格であるというものであったし、請求権協定第1条と第2条の間に法律的な相互関係が存在しないという立場だった。

2005年、民官共同委員会は、請求権協定当時、政府が受領した無償資金のうちの相当額を強制動員被害者の救済に使用しなければならない「道義的責任」があったとして、1975年の請求権補償法などによる補償が「道義的次元」から見る時に不充分であったと評価した。そして、その後に制定された2007年の犠牲者支援法および2010年の犠牲者支援法が、強制動員関連被害者に対する慰労金や支援金の性格が「人道的次元」のものであることを明示した。

●日本は支配の不法性を認めなかった

〔4〕請求権協定の交渉過程で日本政府は植民支配の不法性を認定しないまま、強制動員被害の法的賠償を根源的に否認し、これに伴い韓日両国の政府は日帝の朝鮮半島支配の性格に関して合意に到達することができなかった。このような状況で強制動員慰謝料請求権が請求権協定の適用対象に含まれたと見ることは難しい。

請求権協定の一方の当事者である日本政府が不法行為の存在およびそれに対する賠償責任の存在を否認する状況で、被害者側である大韓民国政府が自ら強制動員慰謝料請求権までも含まれる内容で請求権協定を締結したとは見られないためだ。

〔5〕差戻し後の原審において被告が追加で提出した証拠も、強制動員慰謝料請求権が請求権協定の適用対象に含まれないという上のような判断に支障を与えるとは見られない。

上記の証拠によれば、1961年5月10日の第5回韓日会談予備会談で、大韓民国側が「他国民を強制的に動員することによって負わせた被徴用者の精神的、肉体的苦痛に対する補償」に言及した事実、1961年12月15日の第6回韓日会談予備会談で大韓民国側が「8項目に対する補償として総額12億2000万ドルを要求し、そのうちの3億6400万ドル（約30％）を強制動員被害補償に対するものとして算定（生存者1人当たり200ドル、死亡者1人当たり1650ドル、負傷者1人当たり2000ドルが基準）」した事実などが明らかにされてはいる。

しかし、上のような発言内容は大韓民国や日本の公式見解でなく、具体的な交渉過程で交渉担当者が話したことに過ぎず、13年に及んだ交渉過程で一貫して主張された内容でもない。「被徴用者の精神的、肉体的苦痛」に言及したのは、交渉で有利な地位を占めようという目的から始まった発言に過ぎないものと見るべき余地が大きく、実際に当時日本側の反発で第5回韓日会談の交渉は妥結されることもなかった。また、上のとおり交渉過程で総額12億2000万ドルを要求したにもかかわらず、実際の請求権協定は3億ドル（無償）で妥結された。このように要求額にはるかに及ばない3億ドルだけを受け取った状況で、強制動員慰謝料請求権も請求権協定の適用対象に含まれていたものとは、とうてい見ることが難しい。

タ　差し戻し後の原審がこのような趣旨で、強制動員慰謝料請求権は請求権協定の適用対象に含まれないと判断したのは正当だ。そこで、上告理由の主張のように請求権協定の適用対象と効力に関する法理を誤解しているなどの違法はない。

一方、被告はこの部分の上告理由で、強制動員慰謝料請求権が請求権協定の適用対象に含まれるという前提下で、請求権協定で放棄された権利が国家の外交的保護権だけに限定されて放棄されたのではなく、個人請求権自体が放棄（消滅）されたのだという趣旨の主張もしているが、この部分は差し戻し後の原審の仮定的判断に関するものとして、さらに検討してみる必要はなく、受け入れられない。

4．上告理由第4点に関して（略）

5．上告理由第5点に関して（略）

6．結論

以上の結果、上告をすべて棄却し、上告費用は敗訴者が負担することとし、主文の通り判決する。（以下略）

# 資料　二〇一〇年・日韓知識人共同声明日本側署名者　５４０人

＊発起人　故人を含む（肩書は当時）

## 作家・芸術家・映画監督

赤川次郎（作家）、石川逸子（詩人）、井出孫六（作家）、大江健三郎（作家）、鎌田慧（ルポルタージュ作家）、金石範（作家）、高史明（作家）、佐高信（評論家）、澤地久枝（ノンフィクション作家）、鶴見俊輔（哲学者）、中野利子（エッセイスト）、朴慶南（作家）、針生一郎（美術評論家）、宮田毬栄（文筆家）、森崎和江（詩人・作家）、梁石日（作家）、李恢成（作家）、阿伊染徳美（画家）、喜納昌吉（音楽家・前参議院議員）、沢知恵（シンガーソングライター）、高橋悠治（音楽家）、崔善愛（ピアニスト）、富山妙子（画家）、玄順恵（水墨画家）、池田博穂（映画監督）、井筒和幸（映画監督）、伊藤孝司（フォトジャーナリスト）、鄭義信（脚本・演出家）、前田憲二（映画監督・ＮＰＯ法人ハヌルハウス代表理事）

## 歴史家

荒井信一＊（茨城大学名誉教授・日本の戦争責任資料センター共同代表）、井口和起＊（京都府立大学名誉教授・日本史）、石山久男（歴史教育者協議会会員）、李成市＊（早稲田大学教授・朝鮮史）、板垣雄三（東京大学名誉教授・イスラム学）、井上勝生＊（北海道大学名誉教授・日本史）、上田正昭（京都大学名誉教授・日本史）、内海愛子＊（早稲田大学大学院客員教授・日本―アジア関係史）、太田修＊（同志社大学教授・朝鮮史）、糟谷憲一＊（一橋大学教授・朝鮮史）、鹿野政直＊（早稲田大学名誉教授・日本史）、加納実紀代（敬和学園大学教授・女性史）、姜徳相（滋賀県立大学名誉教授・朝鮮史）、木畑洋一

（成城大学教授・国際関係史）、君島和彦（ソウル大学教授・日本史）、金文子（歴史家）、小谷汪之（首都大学東京名誉教授・インド史）、小林知子（福岡教育大学准教授・在日朝鮮人史）、高崎宗司＊（津田塾大学教授・日本史）、趙景達＊（千葉大学教授・朝鮮史）、外村大（東京大学准教授・朝鮮史）、中塚明＊（奈良女子大学名誉教授・日朝関係史）、中野聡（一橋大学教授・歴史学研究会事務局長）、中村政則＊（一橋大学名誉教授・日本史）、成田龍一（日本女子大学教授・日本史）、林雄介（明星大学教授・朝鮮史）、樋口雄一（高麗博物館館長）、藤澤房俊（東京経済大学教授・イタリア近代史）、藤永壮（大阪産業大学教授・朝鮮史）、松尾尊兊＊（京都大学名誉教授・日本史）、水野直樹＊（京都大学人文科学研究所教授・朝鮮史）、三谷太一郎（政治学者）、南塚信吾（法政大学教授・世界史研究所所長）、宮嶋博史＊（成均館大学教授・朝鮮史）、宮地正人（東京大学名誉教授・日本史）、宮田節子＊（歴史学者・元朝鮮史研究会会長）、百瀬宏（津田塾大学名誉教授・国際関係学）、山口啓二（歴史研究者・元日朝協会会長）、山崎朋子（女性史研究家）、山田昭次＊（立教大学名誉教授・日本史）、油井大三郎（東京女子大学教授・アメリカ史）、吉澤文寿（新潟国際情報大学准教授・朝鮮史）、吉野誠（東海大学教授・朝鮮史）、吉見義明（中央大学教授・日本史）、李進熙（和光大学名誉教授・朝鮮史）、和田春樹＊（東京大学名誉教授）、伊集院立（法政大学教授・ドイツ史）、木村茂光（東京学芸大学教授・日本史）、寺田光雄（埼玉大学名誉教授・社会思想史）、塚田勲（歴史学研究会会員）、米谷匡史（東京外国語大学教員・思想史）、深谷克己（早稲田大学名誉教授・日本史）、須田努（明治大学准教授・日本史）、山本直美（歴史教育者協議会会員）、高橋昌明（神戸大学名誉教授・日本史）、石田憲（千葉大学教授・ヨーロッパ政治史）、辺英浩（都留文化大学教授・朝鮮史）、新田康二（歴史教育者協議会会員）、三ツ井崇（東京大学准教授・朝鮮史）、田中正敬（専修大学教授・朝鮮史）、康成銀（朝鮮大学校教授・朝鮮近代史）、辻弘範（北海学園大学准教授・朝鮮史）、広瀬貞三（福岡大学教授・朝鮮史）、鈴木靖民（国学院大学教授・日本史）、姜在彦（花園大学元客員教授・朝鮮近代史）、岡百合子（歴史家）、原朗（東京大学名誉教授・日本経済史）、比屋根照夫（琉球大学名誉教授・日本近代政治思想史）、飯田泰三（島根県立大学教授・日本政治思想史）、宮田光雄（東北大学名誉教授・政治思想史）、小島晋治（東京大学名誉教授・中国史）、芝原拓自（大阪大学名誉教授・日本近代史）、青野正明（桃山学院大学教授・朝鮮史）、原田敬一（仏教大学教授・日本近代史）、色川大吉（東京経済大学名誉教授・日本近代史）、松永育男（歴史教育者協議会会員）、石川亮太（佐賀大学准教授・朝鮮史）、中村平治（東京外語大学名誉教授・インド史）、笠原十九司（都留文科大学名誉教授・東アジア近現代史）、洪宗郁（同志社大学准教授・朝鮮史）、衣斐義之（郷土史家）、庵逧由香（立命館大学准教授・朝鮮史）、大橋幸泰（早稲田大学准教授・日本近世史）、高木博義（敬心学園職員）、今井清一（横浜市立大学名誉教授・日本政治史）、坂本昇（歴史教育者協議会副委員長）、木村誠（首都大学東京教授・朝鮮史）、柳澤治（東京都立大学名誉教授・ヨーロッパ経済史）、瀧澤秀樹（大阪商業大学教授・日本経済史／現代韓国論）、池内敏（名古屋大学教授・日本史）、李景珉（札幌大学教授・朝鮮史／朝鮮政治論）、荻野富士夫（小樽商科大学教授・日本史）、伊地知紀子（愛媛大学・朝鮮地域研究）、駒込武（京都大学教員・教育史）、長志珠絵（神戸市外国語大学准教授・日本近代史）、宇野田尚哉（神戸大学准教授・日本思想史）、坂本悠一（九州国際大学教授・日本経済史）、林博史（関東学院大学教授・日本現代史）、斎藤一晴（明治学院大学講師・日本史)、本庄十喜(関東学院大学講師・日本現代史)、古川宣子(大東文化大学准教授・朝鮮史)、酒井裕美(大阪大学講師・朝鮮史)、近江吉明(専修大学教授・フランス史)、坂元ひろ子(一橋大学教授・中国近現代思想文化史)、鶴園裕(金沢大学教授・朝鮮史)、廣岡浄進(大阪観光大学講師・朝鮮史/日本史)、池享(一橋大学教授・日本史/歴史学研究会委員長)、貫井正之(名古屋外国語大学講師・朝鮮史)、小林英夫(早稲田大学教授・東アジア史/満鉄史)、権純哲(埼玉大学教授・朝鮮史)、吉田裕(一橋大学教授・日本現代史)、矢沢康祐(専修大学名誉教授・朝鮮史)、源川真希(首都大学東京准教授・日本史)、古畑徹(金沢大学教授・東洋史)、若尾政希(一橋大学教授・日本史)、堀口詩織(歴史科学協議会事務書記)、竹内光浩(専修大学非常勤講師・日本中世史)、藤田明良(天理大学教授・日本史)、谷ケ城秀吉(立教大学経済学部助教・日本アジア経済史)、佐々木隆爾(東京都立大学名誉教授・日本現代史)、青柳周一(滋賀大学経済学部准教授)、大平聡(宮城学院女子大学教員・日本古代史)、米田佐代子(女性史研究者)、永原陽子(東京外国語大学教授・世界史)、近藤成一(東京大学教授・日本中世史)、鎌倉佐保(東京大学史料編纂所特任研究員・日本史)、大門正克(横浜国立大学教授・日本史)、永岑三千輝(横浜市立大学教授・ドイツ史)、光成準治(鈴峰女子短期大学)、川岡勉(愛媛大学教授・日本史)、新藤通弘(城西大学非常勤講師・ラテンアメリカ現代史)、長島弘(長崎県立大学特任教授・国際関係史)、大塚英二(愛知県立大学教授・日本史)、川合康(日本大学教授・日本史)、薗部寿樹(山形県立米沢女子短期大学教授・日本中世史)、浅井良夫(成城大学教授・現代日本経済史)、服藤早苗(埼玉学園大学)、藤岡寛己(福岡国際大学教員・イタリア現代史)、河西英通(広島大学教授・日本近代史)、林幸司(一橋大学経済研究所・COE

研究員・中国現代史）、清水透（慶応義塾大学名誉教授・ラテンアメリカ社会史）、三宅明正（千葉大学教授・日本現代史）、堀新（共立女子大学教授・日本近世史）、外岡慎一郎（敦賀短期大学教授・日本中世史）、趙寛子（中部大学準教授・思想史）、上杉忍（北海学園大学教授・アメリカ史）、中小路純（前文教大学講師・日本近世史）、佐々木洋子（帯広畜産大学教員・西洋史）、野村育世（歴史家・日本中世史／女性史／歴史教育）、斉藤利男（弘前大学教授・日本史）、猪飼隆明（大阪大学名誉教授・日本近代史）、加瀬和俊（東京大学教授・日本経済史）、伊藤正子（京都大学アジア・アフリカ地域研究研究科）、町田哲（鳴門教育大学准教授・日本近世史）、橋本雄（北海道大学准教授・日本史）、井上久士（駿河台大学教授・中国現代史）、金子文夫（横浜市立大学教授・アジア経済史）、西秀成（愛知県史編さん委員会特別調査委員）、梅村喬（大阪大学名誉教授・日本古代史）、山領健二（神田外語大学名誉教授・歴史学）、松本通孝（青山学院大学、立正大学非常勤講師・世界史教育）、伊藤敏雄（大阪教育大学・中国古代史）、平子友長（一橋大学教授・西洋社会思想史）、内田知行（大東文化大学教員・中国現代史）、秋山晋吾（一橋大学准教授・西洋史）、仁木宏（大阪市立大学教授・日本史）、松尾寿（島根大学名誉教授・日本近世史）、臼杵陽（日本女子大学文学部教授・中東現代史）、山口公一（追手門学院大学准教授・朝鮮近代史）、深澤安博（茨城大学教授・スペイン現代史）、井本三夫（元茨城大学理学部教授、歴史科学協議会会員・日本近代史）、浅井義弘（大阪歴史教育者協議会事務局長）、広瀬玲子（北海道情報大学教授・日本史）、鈴木織恵（歴史科学協議会会員・日本古代史）、藤田昌士（元立教大学教授）、小林瑞乃（青山学院女子短大講師・日本近代史）、松尾章一（法政大学名誉教授・日本近代史）、古庄正（駒沢大学名誉教授・日本史）、貴堂嘉之（一橋大学教授・アメリカ史）、木村元（一橋大学教授・日本教育史）、北島万次（元共立女子大学教授・日本史）、藤間生大（元熊本学園大学教授・日本史）、遠藤基郎（東京大学史料編纂所准教授・日本史）、井上直樹（京都府立大学教授・朝鮮古代史）、小南浩一（北陸大学教授・歴史学）、長沼宗昭（日本大学教授・ドイツ近代史）、七海雅人（東北学院大学准教授・日本史）、井上和枝（鹿児島国際大学教授・朝鮮女性史）、浅田進史（首都大学東京助教・歴史学）、山田渉（宮崎大学講師・日本史）、西村汎子（白梅学園短期大学名誉教授・日本女性史）、村上史郎（元慶応大学非常勤講師・日本古代史）、渡辺司（東京農工大学准教授・マグレブ地域研究）、小山田紀子（新潟国際情報大学教授・アルジェリア史）、馬渕貞利（東京学芸大学教授・朝鮮史）、竹永三男（島根大学教員）、朴宗根（歴史家・朝鮮史）、堀田慎一郎（名古屋大学助教）、北原スマ子（歴史家）、佐藤伸雄（元歴史教育者協議会委員長）、古谷博（歴史教育者協議会会員）、浅川保（山梨歴史教育者協議会会長）、中内輝彦（徳島県歴史教育者協議会会長）、三橋広夫（日本福祉大学教授・日韓歴史教育）、白鳥晃司（歴史教育者協議会副委員長）、桜井千恵美（歴史教育者協議会常任委員）、大野一夫（歴史教育者協議会事務局長）、李熒娘（中央大学教授・日本近代史）、堀和生（京都大学教授・朝鮮経済史）、酒井芳司（福岡県立アジア文化交流センター研究員）、吉田光男（放送大学教授・朝鮮史）、広瀬健夫（元信州大学教授・ロシア史）、劉孝鐘（和光大学教授・ロシア朝鮮史）、藤本和貴夫（大阪経済法科大学教授・ロシア史）、宋連玉（青山学院大学教授・朝鮮史）、北原敦（北海道大学名誉教授・イタリア史）、三宅立（元明治大学教授・ドイツ近現代史）、金成浩（琉球大学教授・国際関係史）、大沼久夫（共愛学園前橋国際大学教授・朝鮮現代史）、高野清弘（甲南大学教授・政治思想史）、片野真

佐子（大阪経済大学教授・日本近代史）、石田勇治（東京大学教授・ドイツ現代史）、松沢哲成（日本寄せ場学会運営委員・日本近現代史研究）、阪東宏（明治大学名誉教授・ポーランド史）、李省展（恵泉女学園大学教授・東アジア近代史）、小沢弘明（千葉大学教授・オーストリア史）、高嶋伸欣（琉球大学名誉教授・歴史教育）、新井勝紘（専修大学教授・近代日本史）、黒瀬郁二（鹿児島国際大学教授・日本史）、宇野俊一（千葉大学名誉教授・日本近代史）、加納格（法政大学教授・ロシア史）

## 学者研究者

荒井献（東京大学名誉教授・聖書学）、石坂浩一＊（立教大学准教授・韓国社会論）、石田雄（東京大学名誉教授・政治学）、李順愛（早稲田大学講師・女性学）、出水薫（九州大学教授・韓国政治）、李鍾元＊（立教大学教授・国際政治）、伊藤成彦（中央大学名誉教授・社会思想）、上杉聰（大阪市立大学教授）、沖浦和光（桃山学院大学名誉教授）、川村湊（文芸評論家・法政大学教授）、姜尚中（東京大学教授・政治学）、小森陽一＊（東京大学教授・日本文学）、坂本義和＊（東京大学名誉教授・国際政治）、笹川紀勝（明治大学教授・国際法）、進藤榮一（筑波大学名誉教授・国際アジア共同体学会会長）、鈴木道彦（独協大学名誉教授・フランス文学）、徐京植（作家・東京経済大学教授）、高橋哲哉（東京大学教授・哲学）、田中宏（一橋大学名誉教授・戦後補償問題）、仲尾宏（京都造形芸術大学客員教授）、中山弘正（明治学院大学名誉教授・経済学）、朴一（大阪市立大学教授・経済学）、平川均（名古屋大学教授・経済学）、布袋敏博（早稲田大学教授・朝鮮文学）、宮崎勇（経済学者・元経済企画庁長官）、文京洙（立命館大学教授・政治学）、姜英之（東アジア総合研究所理事長）、渡辺一民（立教大学名誉教授・フランス文学）、鵜飼哲（一橋大学教授・フランス文学）、毛利和子（早稲田大学名誉教授・東アジア国際関係）、裵敬隆（滋賀県立大学講師・国際関係論）、菱木一美（広島修道大学名誉教授・国際政治）、宮本憲一（大阪市立大学名誉教授・財政学）、暉峻淑子（埼玉大学名誉教授・経済学）、田中克彦（一橋大学名誉教授・言語学）、新崎盛暉（沖縄大学名誉教授・沖縄問題）、浅井基文（広島平和研究所所長）、永野慎一郎（大東文化大学名誉教授・国際政治）、樋口陽一（憲法専攻者）、森義宣（佐賀大学准教授・国際政治）、最上敏樹（国際基督教大学教授・国際政治）、板倉聖宣（国立教育研究所名誉所員・板倉研究室代表）、二谷貞夫（上越教育大学名誉教授・世界史教育）、加藤節（成蹊大学教授・政治学）、四方田犬彦（明治学院大学教授・映画研究／比較文化）、塩沢美代子（女子労働問題研究家）、石黒圭（一橋大学准教授・日本語学）、村井吉敬（早稲田大学教授・国際経済）、西川潤（早稲田大学名誉教授・国際経済）、李愛俐娥（東京大学現代韓国研究センター特任教授）、海老坂武（フランス文学者）、北沢洋子（国際問題評論家）、野崎充彦（大阪市立大学教授・朝鮮古典文学）、西尾達雄（北海道大学教授・体育学）、徐龍達（桃山学院大学名誉教授）、康宗憲（韓国問題研究所代表）、間宮陽介（京都大学教授・経済学）、古川美佳（韓国美術文化研究）、山口定（大阪市立大学名誉教授・政治学）、尹健次（神奈川大学教授・思想史）、坂井俊樹（東京学芸大学教授・社会科教育／現代韓国教育）、荒川譲（鹿児島大学名誉教授・ドイツ社会文化）、磯崎典世（学習院大学教授・政治学）、河合和男（奈良産業大学教授・経済学）、杉原達（大阪大学教授・日本学）、鈴木文子（仏教大学教授・文化人類学）、李泳采（恵泉女学園大学講師・国際関係）、桜井国俊（沖縄大学教授・環境学）、波田野節子（新潟県立大学教授・朝鮮文学）、山本義彦（静岡大学名誉教授・経済学）、小瑶水野邦彦（北海学園大学教授・韓国社会経済論）、史朗（弘前大学講師・教育学）、杉田聡（帯広畜産大学教授・哲学）、林大樹（一橋大学教授・コミュニティ政策論／社会組織論）、内藤光博（専修大学教員・憲法学）、清水竹人（桜美林大学教員・平和研究）、平山令二（中央大学教授・ドイツ文学）、関本英太郎（東北大学教授・メディア文化論）、岩崎稔（東京外国語大学教授・哲学）、梁官洙（大阪経済法科大学教授）、金栄鎬（広島市立大学准教授・政治学）、李静和（成蹊大学教授・政治思想）、中田康彦（一橋大学准教授・教育学）、千葉真（国際基督教大学教授・政治思想）、武者小路公秀（大阪経済法科大学アジア太平洋研究センター所長）、古関彰一（独協大学教授・憲法）、李素玲（日本大学講師・国際関係）、戸塚秀夫（東京大学名誉教授・労働問題）、尾花清（大東文化大学教授・教育学）、栗原彬（立教大学名誉教授・社会学）、安宇植（桜美林大学名誉教授・韓国朝鮮文学）、西田勝（植民地文化学会代表・文芸評論家）、井上輝子（和光大学教授・女性学）、岩間暁子（立教大学教授・社会学）、松枝到（和光大学教授・文化史）、挽地康彦（和光大学講師・社会学）、鄭暎惠（大妻女子大学教授・社会学）、竹中恵美子（大阪市立大学名誉教授・労働経済学）、遠藤誠治（成蹊大学教授・国際政治学）、戸塚悦朗（立命館大学コリア研究センター特別研究員・国際人権法）、田中利幸（広島平和研究所教授・平和学）、三橋修（和光大学名誉教授・社会学）、金聖哲（広島平和研究所教授・国際政治）、李鋼哲（北陸大学未来創造学部教授・朝鮮人ネットワーク研究）、上村英明（恵泉女学園大学教授／同平和文化研究所所長・国際人権法）、堀芳枝（恵泉女学園大学教授・東南アジア地域研究・国際関係論）、山下英愛（立命館大学非常勤講師・女性学）、阿部浩己（神奈川大学教授・国際法）、西原廉太（立教大学副学長）、高柳俊男（法政大学国際文化学部教授・在日コリアン研究）、小牧輝夫（国士舘大学教授・現代韓国朝鮮論）、西村誠（長野県短期大学教授・哲学)、西村裕美(立教大学教授・キリスト教思想)、佐野通夫(こども教育宝仙大学教授・教育学)、近藤邦康(東京大学名誉教授・中国思想)、金泰明(大阪経済法科大学教授)、寺園喜基(九州大学名誉教授)、小川圭治(筑波大学名誉教授・哲学)、山本俊正(関西学院大学教授・キリスト教平和学)

## 弁護士他

高木健一(弁護士)、李宇海(弁護士)、内田雅敏(弁護士)、金優(医学博士)、黒岩哲雄(弁護士)、床井茂(弁護士)、松田生朗(弁護士)、南典男(弁護士)、梁英子(弁護士)

## ジャーナリスト・出版人

青木理(ジャーナリスト)、石井昭男(明石書店社長)、今津弘(元朝日新聞論説副主幹)、岩垂弘(ジャーナリスト)、魏良福(青丘文化社・編集者)、大石進(日本評論社前代表)、岡本厚＊(雑誌『世界』編集長)、小田川興＊(元朝日新聞編集委員)、斎藤貴男(ジャーナリスト)、長沼節夫(ジャーナリスト)、中村輝子(ジャーナリスト)、波佐場清(元朝日新聞編集委員)、羽田ゆみ子(梨の木舎社長)、原寿雄(ジャーナリスト)、前田哲男(ジャーナリスト)、松本昌次(影書房・編集者)、山室英男＊(元NHK解説委員長)

## 社会活動家

重藤都(東京日朝女性の集い世話人)、清水澄子(日朝国交正常化連絡会代表委員・元参議院議員)、末本雛子(日朝友好促進京都婦人会議代表)、俵義文(子どもと教科書全国ネット21事務局長)、永久睦子(I女性会議・大阪会員)、飛田雄一(神戸学生青年センター館長)、福山真劫(フォーラム平和・人権・環境代表)、古田武(高麗野遊会実行委員会代表）、吉岡達也（ピースボート共同代表）、江原護（朝鮮学校を支える会・京滋）、大槻和子（東京日朝女性の集い）、曽我昭子（東京日朝女性の集い）、佐藤久（翻訳者）、内田純音（日朝国交促進国民協会事務局次長）、小林久公（強制動員真相究明ネットワーク・監事）、北川広和（関東学院大学講師・日韓分析）、川口重雄（丸山眞男手帖の会代表）、宋富子（文化センターアリラン副理事長）、谷内真理子（元核軍縮を求める22人委員会事務局長）、裵重度（青丘社理事長）、吉田博徳（日朝協会顧問）、都相太（NPO法人三千里鉄道理事長）、青柳純一（翻訳家・仙台アムネスティ代表）、青柳優子（翻訳家・コリア文庫代表）、吉池俊子（アジア・フォーラム横浜事務局長）、高橋武智（翻訳家）、梅林宏道（ピースデポ特別顧問）、加茂千恵（朝鮮女性と連帯する函館の会副代表）、渡辺貢（日朝協会会長）、山崎キヌ子（朝鮮女性と連帯する宮崎県女性の会代表）、高橋広子（I女性会議共同代表／仙台市）、加根村和子（I女性会議沖縄県本部事務局長）、西平幸代（朝鮮女性と連帯する会岡山事務局長）、河明生（日本跆拳道協会会長）、布施哲也（清瀬市市会議員）、布施由女（三多摩日朝女性のつどい）、河合秀二郎（日朝国交正常化全国連絡会顧問）、篠原日出子（朝鮮女性と連帯する神奈川女性の会準備委員）、小川ルミ子（朝鮮女性と連帯する日本婦人連絡会）、森正孝（ハルビン市社会科学院客員研究員／韓国強制「併合」１００年静岡共同行動代表）、建部玲子（青森県朝鮮女性と連帯する会代表）、三島静夫（平和だいすき市川市民の会事務局長）、河正雄（光州市立美術館名誉館長）、梁東準（ヌッポム統一フォーラム理事長）、林季成（ヌッポム統一フォーラム事務局長）、渡辺美奈（アクティブ・ミュージアム「女たちの戦争と平和資料館」事務局長）、佐藤信行（在日大韓基督教会在日韓国人問題研究所所長）、李実根（在日本朝鮮人被爆者連絡協議会会長）、李一満（東京朝鮮人強制連行真相調査団事務局長）、平岡敬（前広島市長）、塚本勲（ハングル塾つるはし代表）、東海林路得子（「女たちの戦争と平和人権基金」理事長）、山田貞夫（高麗博物館理事長）、伊藤茂（元運輸大臣）、吉川春子（元参議院議員）、四谷信子（元東京都議会副議長）、丸浜江里子（歴史教育アジアネットワーク・ジャパン運営委員）、岩本正光（日朝協会代表理事）、道原海子（ピースデポ）、本山央子（アジア女性資料センター事務局長）、川村一之（元新宿区区議会議員）、崔碩義（在日朝鮮人運動史研究会会員）、呉日煥（民団中野支部団長）、李康浩（民団大田支部議長）、朴英鎬（民団大田支部副議長）、高昌樹（ヌッポム統一フォーラム理事）、尹昌基（ヌッポム統一フォーラム理事）、新藤允（元日朝国民会議事務次長）、渡辺哲郎（元東京地評政治部長）、鄭甲寿（ワンコリアフェスティバル実行委員長）、温井寛（元環日本海総合研究機構理事・事務局長）、三原誠介（日本と南北朝鮮との友好を進める会代表・岡山県県議会議員）、鳴海洽一郎（日朝連帯道民会議事務局長）、鈴木逸郎（日朝友好三重県民会議会長）、佐々木伸彦（「公平な放送を！」サイト管理人）、水野精之（在日外国人の公務員採用を実現する東京連絡会）、伊藤晃二（日朝長野県民会議会長代行）、本尾良（市民運動家）、朴鐘碩（日立就職差別裁判原告）、鄭香均（都庁国籍任用差別裁判原告）、崔勝久（「新しい川崎をつくる市民の会」事務局長）、平良修（日本基督教団牧師・NPO法人沖縄恨之碑の会理事）、西尾市郎（日本基督教団牧師・米軍基地に反対する運動をとおして沖縄と韓国の民衆連帯をめざす会会員）、高里鈴代（基地・軍隊を許さない行動する女たちの会（沖縄）共同代表）、星野勉（日本基督教団牧師・下地島空港の軍事利用に反対する宮古郡民の会代表）、川浦弥生（宮古島の日本軍「慰安婦」問題を考える会会員）、島田善次（日本キリスト教会牧師・普天間米軍基地から爆音

をなくす訴訟団団長）、小納谷幸一郎（北海道日朝連帯道民会議会長）、金淳次（民団東京韓国商工会議所副会長）、朴憲哲（民団大田支部顧問）、東定喜美子（I女性会議共同代表（福岡市））、酒井夕起子（I女性会議東京都本部事務局長）、鴻巣美知子（I女性会議事務局次長）、添田包子（朝鮮女性と連帯する栃木婦人の会代表）

## 宗教者

木田献一（山梨英和学院大学院長・キリスト教学）、東海林勤＊（日本基督教団牧師）、鈴木伶子（平和を実現するキリスト者ネット代表）、関田寛雄（青山学院大学名誉教授・日本キリスト教団牧師）、深水正勝（日本カトリック教会司祭）、吉松繁（王子北教会牧師）、大塩清之助（日本基督教団牧師）、松村重雄（日本基督教団弘前南教会牧師）、飯島信（日本キリスト教団牧師）、井田泉（日本聖公会司祭）、高橋喜久江（日本キリスト教婦人矯風会）、大嶋果織（日本キリスト教協議会教育部総主事）、前島宗甫（日本基督教団牧師）、大津健一（アジア農村指導者養成専門学校校長）、李清一（在日大韓基督教会館長）、呉寿恵（在日大韓基督教会教育主事・在日朝鮮教会女性史）、金永泰（在日大韓基督教会牧師）、李民洙（日本聖公会東京教区司祭）、阿蘇敏文（日本基督教団牧師）、崔栄信（牧師・在日大韓基督教会総会長）、洪性完（牧師・在日大韓基督教会総幹事）、朱文洪（牧師・在日大韓基督教会社会委員会委員長）、李相勁（牧師・在日大韓基督教会）、香山洋人（日本聖公会司祭／立教大学チャプレン）、麻生和子（日本キリスト教協議会在日外国人の人権委員会委員長）、野村潔（日本聖公会司祭名古屋学生青年センター総幹事）、岡田仁（富坂キリスト教センター総主事）、片山寛（西南学院大学神学部長）、田口昭典（日本バプテスト連盟理事長・金沢教会牧師）、加藤誠（日本バプテスト連盟常務理事・浦和教会協力牧師）、秋葉正二（日本基督教団牧師・外登法問題と取り組む全国キリスト教連絡協議会事務局長）、饒平名長秀（沖縄バプテスト連盟牧師・沖縄キリスト教協議会議長）、川越弘（日本キリスト教会牧師・反ヤスクニ沖縄キリスト者連絡会運営委員）、渡辺信夫（日本キリスト教会東京告白教会牧師）、古賀清敬（日本キリスト教会牧師・北星学園大学教員）、小野寺ほさな（日本キリスト教会日本軍「慰安婦」問題と取り組む会代表）、渡部静子（日本キリスト教会牧師）、小池創造（日本キリスト教会南浦和教会牧師）、梶原寿（日本基督教団牧師・名古屋学院大学講師）、坂内宗男（キリスト教伝道者・無教会）、新海雅典（司祭・札幌カトリック正義と平和委員会）

出所　和田春樹他編『日韓歴史問題をどう解くか』岩波書店・２０１３年・261～270ページ

## あとがき

平成24年12月、安倍晋三政権発足とほぼ同時に、草思社から『増補新版よくわかる慰安婦問題』を出して、6年が過ぎた。慰安婦問題については、朝日新聞が平成26年8月、私が同書などで問題にしてきた自社の慰安婦報道を検証し、吉田清治証言などについて過去の記事を訂正謝罪した。その訂正はまだ不十分だったが、それでもずっと批判してきた結果、一部でも朝日が訂正したことは、私にとってこれまで行ってきた慰安婦問題研究がようやく日本社会の常識になったという点で喜ばしいことだった。

私は何人かの学者有志で「朝日新聞『慰安婦報道』に対する独立検証委員会」を組織し、朝日の検証は不十分であることを主張する報告書を公表した。

一方、安倍政権は同書などで私が提案した、慰安婦問題に関する新しい官房長官談話は出さなかったが、河野談話が出される経過の検証を政府として行い、報告書を公表した。その検証も十分なものとは言えなかったが、それでも、私がずっと主張してきたとおり、慰安婦の強制連行を証明する史料は何も見つかっていないという歴史の真実が改めて明らかになったことはうれしいことだった。

平成27年12月、安倍政権は韓国の朴槿恵政権と慰安婦問題で合意をかわした。そこで、私が危惧したのは、合意に縛られて、国際社会に拡散している、「日本軍は朝鮮をはじめとする各国の女性20万人以上を強制連行して性奴隷にした」とする虚偽に反論することをわが国政府がしなくなることだった。

しかし、平成28年1月、安倍首相は国会で、世界に慰安婦に関する誹謗中傷が広まっている、強制連行、性奴隷、20万人説に対しては政府として反論する、と明確に答弁した。それを受けて外務省も国連などで反論の広報を本格化している。遅きに失したとは思うが、それでも私がずっと主張してきたことが実現したという点で良かったと思っている。

ところが、平成30年、韓国最高裁が戦時労働者問題で歴史の真実を歪め、国際法を無視する不当判決を下した。にわかに戦時労働者問題が、第2の慰安婦問題になりかねない状況となった。ただ、慰安婦問題と異なるのは、今のわが国政府が過去と違って、まず謝罪して人道的立場から金銭支援をするというこれまでの謝罪外交を否定し、言うべきことをきちんと主張する毅然たる外交を展開していることだ。私はこの間、研究してきた成果を、必死で様々な媒体に発表してきた。それらを土台にしてまとめたのが本書だ。

最後に少し楽観的なことを書いておく。私はこの間、歴史認識問題は四つの要素が絡み合って、事実無根の日本を非難する反日歴史認識が外交を阻害し、わが国の名誉と国益を大きく傷つけてきたと主張している。歴史認識問題の4要素説だ（拙稿「歴史認識問題とは何か」『歴史認識問題研究』創刊号、歴史認識問題研究会・2017年9月）。

第1に、日本国内の反日マスコミ・学者・運動家が事実に反する日本非難キャンペーンを行った。

第2に、それを中国と韓国両政府が正式な外交問題にして「内政干渉」的要求を押しつけた。

第3に、わが国の外交当局が反論をしなかったことで事態を悪化させた。不当な要求に対して事実に踏み込んだ反論をせず、まず謝罪して道義的責任を認め、人道支援の名目で、すでに条約・協定で解決済みである補償を再び中途半端な形で行ったため、問題をさらに悪化させることとなった。

第4に、内外の反日活動家が事実無根の日本非難を国際社会で拡散した。その結果、わが国とわが先祖の名誉が著しく傷つけられ続けている。

本書で詳しく書いたように、朝鮮人戦時労働者問題も、第1に日本の学者、運動家らによって始まり、第2に韓国の裁判所と政府によって正式に外交問題化した。ここまでは教科書問題、慰安婦問題などとまったく同じだ。

しかし、安倍政権はこれまでと異なり、「人道的立場」からの基金構想に日本は乗らない原則的姿勢を貫き、謝罪せず反論外交を展開している。それをマスコミと国民の多くが支持している。4要素のうち「第3」として挙げたわが国の外交によって、事態の悪化を食い止めることができつつある。

だから、官民が協力して歴史の真実を広報していけば、第4の国際社会の広報戦でもこれまでのように一方的に負け続けることはないはずだ。ここに希望がある。

虚偽の上に成り立つ友好は決して本物とは言えない。真の日韓友好のためにも、言うべきことをきちんと、しかし礼儀を尽くして言うことが今こそ求められている。本書はその姿勢で書いた。日韓の真の友好のためにぜひ、多くの日本人、韓国人に読んでいただきたいと願っている。

私は通常は元号を使い、国際問題を扱うときに西暦を使ってきた。国際問題を扱う本書の本文では西暦に統一する。

本書をまとめるにあたっては、草思社の藤田博編集部長、木谷東男さんに大変お世話になりました。感謝いたします。

平成三十一年三月一日

西岡　力

著者略歴――――
西岡 力 にしおか・つとむ
1956年、東京都生まれ。国際基督教大学卒業。筑波大学大学院地域研究科修了(国際学修士)。韓国・延世大学国際学科留学。1982年～84年、外務省専門調査員として在韓日本大使館勤務。東京基督教大学教授を経て、現在、(公財)モラロジー研究所教授・歴史研究室長、麗澤大学客員教授。「北朝鮮に拉致された日本人を救出するための全国協議会(救う会)」会長。著書に、『日韓誤解の深淵』(亜紀書房)『日韓「歴史問題」の真実』(PHP)『よくわかる慰安婦問題』(草思社文庫)『ゆすり、たかりの国家』(ワック)ほか多数、最新刊に『歴史を捏造する反日国家・韓国』(ワック)がある。

でっちあげの徴用工問題
2019©Tsutomu Nishioka

2019年4月1日 第1刷発行

著者 西岡 力
装幀者 清水良洋(Malpu Design)
発行者 藤田 博
発行所 株式会社 草思社
〒160-0022 東京都新宿区新宿1-10-1
電話 営業 03(4580)7676 編集 03(4580)7680

本文組版 株式会社 キャップス
印刷所 中央精版印刷 株式会社
製本所 大口製本印刷 株式会社

ISBN978-4-7942-2388-3 Printed in Japan 検印省略

造本には十分注意しておりますが、万一、乱丁、落丁、印刷不良などがございましたら、ご面倒ですが、小社営業部宛にお送りください。送料小社負担にてお取り替えさせていただきます。